我要给你的世界是全世界：陪孩子在路上成长

吴 琪————著

广东旅游出版社

悦读书·悦旅行·悦享人生

中国·广州

图书在版编目（CIP）数据

我要给你的世界是全世界：陪孩子在路上成长 / 吴琪 著 . —广州：广东旅游出版社，
2022.2

ISBN 978-7-5570-2300-3

Ⅰ . ①我… Ⅱ . ①吴… Ⅲ . ①亲子教育 Ⅳ . ① G781

中国版本图书馆 CIP 数据核字 (2021) 第 158850 号

出 版 人：刘志松
策划统筹：蔡　璇
责任编辑：贾小娇　俞　莹
图片来源：林赛一家子
封面设计：艾颖琛
内文设计：即墨风
责任校对：李瑞苑
责任技编：冼志良

我要给你的世界是全世界：陪孩子在路上成长
WOYAO GEINI DE SHIJIE SHI QUANSHIJIE: PEIHAIZI ZAI LUSHANG CHENGZHANG

广东旅游出版社出版发行
（广州市荔湾区沙面北街71号首、二层）
邮编：510130
邮购电话：020-87348243
印刷：广州汉鼎印务有限公司
（广州市黄埔区南岗骏丰路117号202）
开本：787毫米×1092毫米 16开
字数：200千字
印张：14.5
版次：2022年2月第1版第1次印刷
定价：68.00元

目录
CONTENTS

序

自从1989年我出版了第一本书至今，已经有七八本与长城相关的图书问世。我的妻子吴琪，也就是这本书的作者，一如既往地给予了我极大的支持，有好几本书她甚至可以称为"合著作者"。但是，在每次新书首发式等宣传活动之际，她总是站在我的身后，自我介绍："您好！我叫吴琪，我是威廉的爱人……"现在，她也开始写自己的书了，我期待着变换角色，站在她的身后，自我介绍："您好！我叫威廉，我是吴琪的爱人……"

每一本书因为内容不同，所以序言的写法也就各异。我写这个序言的角度比较独特。因为本书作者写的所有故事，我都在现场，都是见证人。这种独特性也同时让我处在利和弊这两个相互矛盾的位置上。有利方面在于，作者吴琪是我的妻子，每次我们都是一同出行，她写的旅行故事我大略知道；不利的一面是，由于语言的障碍，我无法阅读她用中文写的每一段文字。但是我相信，中西合璧家庭的旅行不仅是一系列的活动，也是一门艺术。以下我想从四点谈一谈这本书：

第一，我和吴琪是旅行的最佳伙伴，因为我的血液中有旅行的基因，而她则对世界充满了好奇。

我本人就是来自一个"游走世界"的家庭。我的父亲出生在美国纽约，他在美国生活了16年之后，又在英国居住了78年，直到去世；我的祖父生于新西兰，后来分别在三个国家和地区居住过；我的曾祖父出生在中国澳门，在四个国家和地区之间搬家！因此，在我的血液里早已埋下了游走的基因。

吴琪与我的情况正好相反。她出生在河北张家口，来自人口最多的汉族。在我俩认识之前，她离开家乡西安，去得最远的地方就是北京。但从学生时代起，她就向往着外面的世界，期待着目睹那里的精彩。她自学英语，除了喜欢之外，也因为她知道英语是"世界语"，很有用。

后来我俩相识、相爱，直到结婚。之后我们往返于中英两国之间居住。我们在利物浦瓦勒塞镇住过两年，在陕西西安生活过四年。自从有了第一个儿子杰米，我们的生活节奏就慢下来了，安居乐业是这一段时间的主旋律。但我们一家三口还是在两个地方穿梭：利物浦和西安。

再后来，当弟弟汤米来到这个世界的时候，哥哥杰米已经到了上小学的年龄，他成为芳草地小学的学生。很多人问我们："为什么不送孩子去一个国际学校？"原因极其简单，其一，我们无力支付国际学校高昂的学费；其二，国际学校的中文教学是一个短板。

第二，这本书里的旅行故事，实际上也是给读者及其孩子提供的国际教育的另类指南。

我们全家一起出游世界始于2002年。尽管旅行费用不菲，但是我们还是坚持每年利用三个月的寒暑假时间外出旅行。当朋友们听说我们一出去就是一两个月时，他们也许会觉得我们非常富有，有钱没处花。但实际上，我们只是把钱用在"刀刃"上，花在体验上，而没有花在享受上。我们觉得良好的国际旅行体验是最具价值的投资。虽然我们没有送孩子们上国际学校，没有报课外班，但却亲自充当了他们的"老师"。我们一家在世界这个大课堂里，看见不同的风景，了解不同的事物，遇到各种有趣的人……

第三，这本书实际上是一本把你的孩子从"实验室"拉到真实世界、离开"舒适圈"的教科书。

未来世界的变化将越来越快、越来越国际化、越来越一体化。有围墙的学校是一个"理想"的学习环境，它就像一个实验室，在这里，孩子们或许可以通过各种考试，甚至可以获取高分，但走出去体验外部世界，在不同的地域、语言、文字、政治和宗教的国度里不发怵，来去自如，才是对在学校所学知识是否有用的最好检验。只有走出家门，才能看到外面的世界；只有走得更远，才能获得大千世界的智慧。

第四，这本书所描述的旅行故事，都是真切发生的，绝非旅行社设计。

当然，我们的旅行有时顺风顺水，有时麻烦不断，正如生活本身一样。去三亚或泰国，只是住在五星级酒店里，那不叫旅行，那叫度假。暴饮暴食可以令你当时感觉很爽，但是过不了一天，你就会感觉腹胀和全身慵懒。这样的旅行，收获是短暂的，甚至是负面的。而真正的旅行，当时你或许感到很辛苦、不舒服、不确定，但是当你过了一关又一关之后，你会感觉到愉悦而有成就感。比如，我们在莫斯科时，哪怕可以打车去酒店，却还是宁愿花几个卢布乘坐地铁，因为这样一来，我们就既可以看到世界上最美的地铁站，也可以充分体验莫斯科市民的日常生活。这样的经历多了，渐渐地你就会感到舒服而不惧怕、自信而不羞怯。所以，旅行应该是一种探险，它让你走进未知世界，尝试自己解决问题。如果所有的事情都被别人安排妥当，那么，旅游的乐趣就至少减少了一半。

2019年春，我和吴琪去日本旅行。我应邀在一个国际文化艺术座谈会上作主旨演讲。另一个演讲人是日本神户博物馆的馆长，他演讲的主题是如何吸引青少年走进博物馆。他的结论是，最具好奇心、最能专注和吸收知识的年龄是10岁。他强调说："在这个年龄段的孩子，如果能经常走进博物馆，走到更远的陌生地方去，对他们的成长和未来的生活将大有裨益。"听了这些话，我和吴琪相视而笑，因为他说的跟我俩想的完全一致。

你的孩子10岁的时候，你带他/她去过哪里？

——杰米10岁时，在美国纽约过的生日，之后用30天周游地球一圈；汤米10岁的时候，我们一家人用41天在中东地区旅行，途经约旦、以色列和埃及。从我们全家开始旅行到孩子们上大学为止，一共深度游历了30多个国家和地区。我相信，这些旅行经历一定会改变孩子们对世界的看法，塑造他们的个性，影响他们对未来生活道路的选择。杰米和汤米都在北京大学读过书。杰米学的是世界历史，汤米就读于国际关系专业。现在，一旦有整块时间，他们就会和朋友以及他们的家人一起出游。

自从2020年新冠肺炎疫情暴发以来，国家之间的旅行之路暂时被阻隔了。当我们无法旅行的时候，旅行的记忆就显得更加珍贵；当疫情结束之后，这些珍贵的记忆又成了重启旅途的动力。现在，当我们在等待旅行机会来临的时候，最好的慰藉就是向前看，计划下一个旅行……

威廉·林赛

2021年10月

第一章

世界之大，无奇不有

蒙古国
异域的长城故事

　　中国的万里长城是世界文化遗产。爸爸威廉是英籍长城学者，他认为研究长城不能仅仅从中国的视角看问题，还必须去到长城的另一面，了解游牧民族的生存方式，这样才能搞清楚长城修建的原因和作用。迄今为止，威廉带领全家先后4次踏入蒙古国广袤的地域，从走马看花，了解皮毛，到下马探索，一探究竟。

　　2002年是全家头一回出游蒙古国，当时哥哥杰米8岁，弟弟汤米还穿着纸尿裤。我们没有乘坐飞机，而是选择火车；我们没有一睹蒙古国东部大草原的风光，更没敢涉足西部的戈壁沙漠和高山湖泊，只是在首都乌兰巴托国家博物馆里和它周边景区的蒙古包旁，找一找游牧民族生活的感觉。

　　杰米在五六岁时就跟着威廉登长城、拍长城，这次出游，威廉专门为他购置了一款专业相机，但他拍回来的蒙古草原风光图片却寥寥无几。对他来说，记忆最深的不是蒙古草原、蒙古包和蒙古马，也不是乌兰巴托国家博物馆里成吉思汗时期的盔甲和战靴，而是中蒙边界二连浩特火车站的"换轮大战"。蒙古国铁路系统沿用的是苏联时期使用的宽轨。列车从北京出发，一到中蒙边境，就得把国内通用的窄轨车轮换成宽轨车轮。充满好奇心的杰米将这个过程用相机拍下来，还记在日记里："换轮子过程很简单，但

路上的涂鸦作品

2002年，全家第一次游历世界。这是我们刚刚到达蒙古乌兰巴托

很神奇。要将轮子和车厢解锁，并用吊车将车厢吊起，再更换轮子！"相形之下，当时只有一岁半的汤米对这趟旅行的记忆则是一片空白。如果没有看到相册里的照片，他大概怎么也想象不出曾去过的蒙古国是个啥模样。

威廉在长城研究的过程中，发现蒙古国地图上有两处与中国长城相连的图标，但下面标注的都是"成吉思汗边墙"：一处在蒙古国南戈壁、中国内蒙古阴山以北；另一处在蒙古国东部草原，与中国内蒙古满洲里接壤。他琢磨着，成吉思汗是个游牧民族的首领，一生征战四方，他怎么会修筑这些用于防御的"边墙"呢？这些"边墙"与中国的长城又有什么关系？

2011年暑假，威廉带着这些疑问再次前往蒙古国南戈壁考察，不满18岁的杰米跟随前往，成了威廉的摄影和网络技术助理。这次旅行，他们父子俩深入无人区，拍摄到了与汉代"木长城"相似的"成吉思汗边墙"，还采集了墙里夹杂的梭梭木。通过碳-14测年，判断出这段墙可能是中国汉长城的一部分，又在1000年之后被西夏人重新修缮和利用的。

2012年暑假，汤米上了初中，杰米也要上大学了。有爸爸在前面领路，以哥哥为榜样，汤米也开始摆弄照相机，兴趣点主要在视频拍摄和后期制作上。这一年暑假，我们再次全家出动前往蒙古国，想去见识一下东部草原上那条成吉思汗边墙的尊容。

从乌兰巴托出发，汽车在多道车轮碾压出的"草原高速公路"上奔驰，进入东部草原后，车道逐渐减少，最后变成了一条。这条路旁，有一道蜿蜒伸向天际的低矮土埂，这就是我们此行的目标——成吉思汗边墙！

经过岁月的侵蚀，曾经壮观的边墙早已坍塌损毁。白昼的时候，人们几乎看不见它的踪迹，只有到了日出或日落时分，日光洒在这矮矮的土包上，才描画出一条在平坦的大草原上蜿蜒伸向远方的阴影，透出一种气势和岁月的沧桑。

这一路上，杰米负责摄影，汤米主管摄像，兄弟俩分工明确，配合默契。而他俩收获的不只是美丽的照片和精彩的视频，还有对蒙古国草原文化的初步体验。

我们拜访了住在蒙古包里的一家人。他们的牧羊犬远远看到我们的车，就急匆匆地朝我们跑来，为我们带路。这家人有3个孩子。

2002年，列车在二连浩特换车轮时，汤米坐到了列车司机的驾驶室里

2011年，杰米跟威廉来到蒙古国南戈壁寻找"成吉思汗边墙"

2012年，全家人前往蒙古国东部草原。一个五六岁的男孩子正在姐姐的帮助下学习骑马

最小的是个男孩，才五六岁，正跟姐姐学骑马。虽然双脚还够不着马镫子，但是已经开始对马发号施令了。马匹是游牧民族重要的交通工具。没有马匹，蒙古人无法生存，当年长城的修建也就成为多余。

蒙古大妈招呼我们进包喝茶。虽然这个蒙古包没有10年前在乌兰巴托景区住过的艳丽豪华，但里面宽敞明亮、干净利落，中间还摆放着一个黑白电视机。我们按照规矩，以中间的两根支柱为界，女士从右边走，男士从左边走，然后席地而坐，品尝她递过来的奶茶。杰米后来发表在《菁kids》杂志里的文章这样写道："我们喝的奶茶，茶叶来自中国。这让我想起明代长城边的茶马互市。蒙古人除了招待客人喝奶茶之外，访客也有讲究的礼节，比如：摘帽表示要坐一会儿，脱下大衣则表示要住下来等等。而他们从不像中国人那样打听我们从哪里来到哪里去，多大年龄，挣多少钱……"

傍晚，我们和牧民们围坐在草地上吃晚饭（其实只有面包和自制果酱），谈论着当天见到的新鲜事。令我们印象深刻的是，

二连浩特

位于中国内蒙古自治区正北部的二连浩特，北与蒙古国口岸城市扎门乌德隔界相望，两市相距仅4.5公里，边境线长72.3公里，是中国对蒙古国开放的最大陆路口岸。二连浩特还是距首都北京最近的边境陆路口岸（与北京相距690公里）。

『二连浩特』是蒙语的汉译音，在蒙古语中意为斑斓的城市。

"成吉思汗"这4个字总是挂在他们嘴边。

夜深了。草原的星空格外美丽，深邃的夜空上，繁星一闪一闪，特别明亮。孩子们冲进帐篷拿出相机和三脚架，开始了长曝光摄影。我发现，二米兄弟俩已经深深地喜欢上了这片土地。

9天的"与世隔绝"后，随着叮叮咚咚的手机信号的声响，我们的车终于来到了蒙古国与中国满洲里边境的铁丝网旁。眼前的"成吉思汗边墙"钻过了铁丝网，变成了中国"万里长城"的一部分。

我们一家在中蒙边境的活动都有蒙古国边防军的监督和陪同。在去边境线之前，边防军用肉包子招待我们。这些包子形似"大饺子"，馅的味道和羊肉差不多。当边防军负责人告诉我们吃的是野生羚羊的肉时，汤米和杰米都瞪大了眼睛。这不仅是二米兄弟第一次吃羚羊肉，也是我和威廉的头一回（在中国，野生羚羊为保护动物，禁捕禁食）。

其实，羚羊自古以来就是东部草原游牧民赖以生存的食物之一。然而随着人口的增加，捕杀活动频繁，羚羊数量在急剧减少。在《蒙古秘史》中记载着成吉思汗的儿子、继承人窝阔台的忏悔："为了不让天地而生的野兽跑到为兄为弟的领地，我筑起了土墙试图拦住野兽，从而听到了来自兄弟的怨言。这是我的一大过错。"这里说的"野兽"，就是羚羊。

2016年，威廉和二米兄弟又一次来到蒙古国东部草原。这一次，他们最大的收获是航拍到了成千上万只蒙古羚羊穿越边墙的精彩镜头——那是相当难得的画面！回到北京后，汤米剪辑制作出一部50分钟的纪录片《鸟瞰万里长城》，这个片子后来以不同的版本在英国BBC4和中国CCTV-10相继播出。

柬埔寨吴哥窟
从惊奇到思索

柬埔寨吴哥窟是威廉和我久仰的地方,虽然在画册里和电视上看到过,但实地见识始终是不一样的体验。2003年寒假,我们抱着两岁半的汤米,拉着九岁的杰米,从北京出发,最终踏进吴哥窟的庙门,竟然花了14天的时间!(原因见温馨小提示2)

那时,北京还没有直飞柬埔寨首都金边的飞机,我们得从上海转机,到了金边后,再乘轮渡去吴哥窟。轮渡里人满为患,空气污浊,闷热难耐,我和孩子们宁愿待在甲板上。微风迎面吹来,从外至内感到凉爽。后来仔细想想真有点后怕,因为船上没有配备一件救生衣!虽说湄公河不宽也不太深,但去吴哥窟的水路上要经过一个看不到边的大湖——洞里萨湖,那里平均水深在10米以上!

谢天谢地,五六个小时之后,我们的船终于安全靠岸了。岸边的景象让人哭笑不得。人群乌泱乌泱,大多数人都举着用英文或法文写的人名。威廉睁大眼睛寻找自己的名字,杰米也帮助爸爸找上面写有"William"的牌子。哈,找到了!威廉正准备和举牌子的人打招呼,就听另一个拿着一张A4纸的人在喊:"Mr William,我在这儿!"怎么,有两个人来接我们?威廉才意识到这两个人,一个是我们将要下榻的酒店派来的,另一个是旅游中介公司的司机。原来在预订酒店时，出了一点差错，就导致了这种尴尬的局面。用哪辆车呢？威廉最后决定还是用酒店的，但也不得不付了那个旅游中介司机的车费。

这个决定后来证明是很正确的。酒店的这个小伙子不仅车开得不错，对人也很有礼貌，还会讲一口流利的英语。我们雇用他，在吴哥的五天里，进出就会很便利。

吴哥城（大吴哥）和吴哥窟（小吴哥）是12世纪时国王苏耶跋摩二世（Suryavarman Ⅱ）举全国之力，花了大约35年为吴哥王朝建造的国都和国寺。目前，吴哥窟是吴哥古迹保护区里保存得最完好的，这个世界上最大的庙宇至今仍以建筑宏伟与浮雕细致闻名于世。

对我来说，带孩子特别是像汤米那么小的孩子来吴哥窟旅行，不能指望完全满足自己的愿望，也就是说不能只考虑我们对古建筑历史和摄影的爱好。我们在游览的同时，还得考虑孩子们的需求。虽然杰米跟在爸爸身后到处拍，但是他

2003年，二米在路边用香蕉喂猴子

吴哥遗迹

　　吴哥窟被称作柬埔寨国宝，是世界上最大的庙宇类建筑，也是世界上最早的高棉式建筑。吴哥窟原始的名字是Vrah Vishnulok，意思为"毗湿奴的神殿"。这座规模宏大、错综复杂的建筑群由砂石砌成，细部装饰瑰丽而精致。

　　公元1431年，暹罗（今泰国）破真腊国都吴哥，真腊迁都金边，此后，吴哥窟被遗弃，森林逐渐覆盖了漫无人烟的吴哥，吴哥遗迹自此渐被世人遗忘。

　　1586年，方济各会修士和旅行家安东尼奥·达·马格达连那游历吴哥后，曾描述过其见闻："建筑之独特无与伦比，其超绝非凡，笔墨难以形容"，但未引起世人注意。1857年，法国传教士夏尔·艾米尔·布意孚神父也曾述及吴哥遗迹，同样被忽略。直到1861年法国生物学家亨利·穆奥无意中在原始森林中发现了这座宏伟壮观的古庙遗迹，盛赞其"远胜古希腊、罗马遗留给我们的一切"，吴哥遗迹才得以重现天日。

慧婷在仔细观察浮雕（2016年）

吴哥城门前的狮子（2003年）

的最爱是骑大象（从 2020年起，吴哥古迹内禁止骑大象）！比哥哥小六岁半的汤米，则特别喜欢与野生猴子玩。吴哥植被茂密，猴子很多也很顽皮。一次，汤米买了一大把香蕉，专门用来喂猴子。他扔给路边小猴子一根，小猴子捡起来，一蹦一跳地跑去找妈妈。猴妈妈这可就来了精神，登、登、登大步走向汤米，一把夺走了他手里所有的香蕉，一根也不给留下！再看汤米，嘴角一撇，眼泪就要掉出来了。

15世纪，由于周边国家的入侵，柬埔寨衰落速度加快，都城从吴哥迁往金边。之后柬埔寨又沦为法国殖民地。1861年1月，法国生物学家亨利·穆奥为寻找热带动物，到深山中进行考察，无意中发现了这处宏伟惊人的古庙遗迹，便把旅途的见闻连同这座庙宇用文字和素描记录下来。

我们入住的酒店实际上是当年法国人的宅院。一个大院子里，坐落着5~6栋二层小楼，楼群中间有一个不大的活水游泳池；房屋周围的林荫小路曲曲弯弯，幽静雅致。酒店虽然是当地人在经营，但从法式建筑风格到法式面包，处处可以感受到法国的"味道"。有意思的是，每当客人离店，房间里不单有专人打扫卫生，甚至房间墙壁都会被重新粉刷一遍！

柬埔寨只有两个季节：旱季和雨季。我们来吴哥的季节是旱季，虽然不必感受雨季湿漉漉的烦恼，但天气热起来也是不好受。一天中最热的时间段是中午12点到下午4点，温度经常达到40摄氏度。所以我们把出门的时间都安排在早上10点之前和下午5点之后。在酒店的时间里，汤米似乎总是在睡觉，杰米则最爱泡在那个小游泳池里——他还不怎么会游泳，只是在"狗刨式"踩水玩。

有一天，发生了一场不大不小的事故。杰米起初和往常一样在水里扑腾着玩水，后来不知为何一个劲地往下沉，威廉见状，鞋子都来不及脱就蹦进水池里，一把捞出了杰米。其实，威廉的水性也不怎么样，为了救孩子，也就奋不顾身了。可糟糕的是威廉的腰包进水了，我们全家人的护照、纸币，还有许多票据都遭了殃——好嘛，这下子大大小小的本本和纸片铺满了整个长椅子！

威廉督促杰米记日记，我从他的日记里也学到了不少东西：

问：柬埔寨在哪儿？
答：在东南亚。

问：柬埔寨的首都在哪儿？
答：金边。

问：描述一下金边的地理位置。
答：金边离海边150公里。

问：在柬埔寨使用什么语言？
答：英语、法语和高棉语。

问：柬埔寨的人口有多少？
答：一千二百万。

问：用文字描述并用彩笔画一面柬埔寨的国旗。
答：横式，长方形，上下蓝色，中间红色，红色处印有吴哥窟的图样。
……

13年之后（2016年）的冬天，杰米又去了一趟吴哥窟，这回是与他的未婚妻慧婷一道。他这样描述这次旅程：

2003年是我第一次与爸爸、妈妈和弟弟去柬埔寨旅行。当时我和弟弟还小，所以我们跳过了柬埔寨惨烈的现代史，直接进入了古代高棉人的都城——吴哥。

杰米在塔普伦寺的大树前（2003年）

吴哥（Angkor）在高棉语中是"城市"或者"首都"之意，西方人通常所说的Angkor Wat可以翻译为吴哥窟，Angkor Thom可以翻译为吴哥城。这两个名字都非常形象，因为Angkor Wat是世界上最大的宗教建筑，而Angkor Thom是工业革命前全球最大的城市。但我在13年后重游吴哥窟时，印象最深的却不是这两个世界之最，而是相对矮小的塔普伦寺（Ta Prohm）。

塔普伦寺是在吴哥窟东边的一所寺庙。它原本是吴哥王朝国王Jayavarman Ⅶ（阇耶跋摩七世）为了纪念他母亲而修建的一所佛教寺庙，在寺庙的墙壁上主要描绘了智慧女神般若波罗蜜多的形象。即使你对塔普伦寺没有多少了解（也就是我13年前的状态），也能深刻体会到这所寺庙的美丽。寺庙多处被大树纠缠着，有的从上到下如流水瀑布，有的像巨蟒一样缠绕着自己的猎物，还有的完美地镶嵌到了建筑物中。

九岁时，我的眼中看到的是一个"最帅"的寺庙，而现在则感触更深，因为人长大了，树变粗了，寺庙也修复得更完整了，我的镜头里也不再是爸爸妈妈和弟弟，而变成了慧婷。

杰米在塔普伦寺的大树前（2016年）

随后，他又继续讨论道：

1992年，在联合国教科文组织将吴哥古迹列入世界文化遗产名录之后，吴哥遗迹保护管理局与多国合作，形成了国际联合保护项目。我觉得有这么几个原因：第一是因为吴哥城曾经是世界上最大最辉煌的城市，要保护历史古迹的原貌单靠一个国家是无法完成的，需要汇集全世界最权威的专家和最先进的技术才能修复。第二是因为修复古城和古寺远远比建设一个现代城市要困难得多。吴哥是在高棉人最辉煌的时期兴建的，不可能在柬埔寨落后的近代和逐渐复苏的今天完全复原，因此需要国际支援。第三，世界各国为吴哥的付出体现了它作为一个"奇迹"最大的存在意义，因为它是人类文明最重要的文化遗产之一。保护世界文化遗产不分国籍，没有国界。

中国是吴哥保护国际行动中最早的发起者和参与者之一。2003年我们第一次去吴哥窟时，周萨神庙正在中国古建工程师指导下修复，接着是茶胶寺。目前中国遗产研究院刚刚展开吴哥王宫遗址修复项目，预计在2030年前竣工。

中国新疆

2003年『非典』期间的旅行地

2003年，当"非典"大面积爆发的时候，人们被这种来势汹汹、又不知如何防治的传染病吓蒙了。2002年11月中旬"非典"首例病人在广东被发现，5个月的时间已经传播至北京及世界其他地区。2003年4月底，北京因"非典"死亡的人数逐渐攀升，大中小学和幼儿园都开始停课，上小学的杰米和上幼儿园的汤米自然也都在家"放羊"了。

当北京地区染病人数日益减少，病情得到了有效的控制，恐惧和焦虑的几个月过去之后，暑假到了。可是去哪儿旅行呢？当时不是去哪的问题，而是哪儿可以去的问题。出国旅行是无望了。因为北京是"非典"疫区，凡是从北京出国旅行的游客，无论到哪个国家，到达目的地之后都要有14天的隔离期。中国境内呢？当然人多的南方千万不要去。"非典"期间人们自我防护的方法之一，就是远离人群，一定要打招呼的，说话距离需要两米！

新疆喀什是一个让威廉神魂颠倒的地方。它虽在中国境内，却有"中亚"风情，而且去喀什的路上可以路经吐鲁番、火焰山和高昌故城。喜欢《西游记》里孙悟空大闹天宫的二

二米兄弟和他们的新疆朋友库迪来提（右一）

米哥俩，知道要跟着爸爸去"西游"，还可以吃到中国最甜的瓜果葡萄，最香的羊肉串，都乐坏了。当然，新疆最重要的特点是地广人稀，这正符合我们当下的需求。

8月9日，我们乘坐69次列车，从北京西站出发，经过河北、河南、陕西和甘肃前往新疆吐鲁番。这趟从北京到吐鲁番的火车车程需要两天时间。随着火车行进公里数的增加，杰米的日记的页码也在增加。

威廉为他准备了不少问题，让他笔答。其中一个题目是这样的：

问：描述沙漠的字词有哪些？写出10个。

答：dry（干旱）；hot（炎热）；no people（无人）； no animals（无动物）；no water（无水）；no life（无生命）；no food（无食物）；no tree（无树）；empty（空旷）；lonely（孤独）。

但是，真正到了吐鲁番，她给我们全家人的印象与杰米的答案完全相反。这里虽然有沙漠的荒芜，但也有绿洲的富足。大自然的恩赐和吐鲁番人的智慧在这块土地

上交相辉映。天干地旱，这里有"坎儿井"。有水就有植被，就有树，就有生命，就有人和牲畜。当然人也不会感到孤独。

汤米还不到3岁，他的最爱是乘坐叮叮当当、花花绿绿的毛驴车闲荡。在坎儿井渠边逗留一会，喝一口甘甜的地下水，解解渴，用清凉的水将头发打湿，除除热。去葡萄园里边摘葡萄，边吃葡萄；在阴晾葡萄干的晾房里，吃着刚晾干的葡萄干，喝上一碗凉茶，观赏新疆阿姨婀娜的舞姿，是一种从里到外的享受。

杰米对新疆盛产葡萄和用晾房（当地人叫阴房）晾干葡萄的方式极其感兴趣。他在日记本里有这样的文字：

吐鲁番是中国地势最低的地方，它比海平面还低154米，形成了一块"盆地"。盛夏时节，这里的高温特别适合种植葡萄等各种水果。葡萄园的阿姨告诉我，新鲜的吐鲁番葡萄24小时内就能运到北京，可以让北京小朋友尝到。这里有一种葡萄叫无核白，甘甜，无籽，我吃得停不下来了！

杰米还画出晾（阴）房的结

晾葡萄干的晾房（当地人叫阴房）

构：错节的砖搭建成的、带有孔洞的墙壁。接着又写出葡萄晾干的原理：刚摘下的葡萄是一串一串挂在阴房里木杆上的，干热的风从这些孔洞进进出出，葡萄里的水分也随之被带走。40天后，新鲜的葡萄就变成了我们经常在超市里见到的新疆葡萄干。

刚好杰米二年级下半学期的语文课本里有一篇叫《葡萄沟》的课文，讲的就是吐鲁番的葡萄沟。课文最后提出一个问题：晾房是什么样的？想一想为什么要这样修？

杰米为老师和同学们展示了他在葡萄沟拍摄的晾房的照片，还分享了从葡萄沟带回来的葡萄干。这种"甜嘴"和"甜心"的教学方式，杰米至今提起它来还是津津乐道。有趣儿的是，在这次新疆行的六年之后，当汤米上小学二年级下半学期的时候，语文书里也有这篇《葡萄沟》，他的语文老师也向他讨要葡萄晾（阴）房的照片呢。

吐鲁番的一周，在羊肉串的香味中，在葡萄和哈密瓜的甜味中，在38～39摄氏度的热风中度

新疆吐鲁番招揽游人的小驴车。汤米为能坐在前面颇感得意，因为他的帽子上绣的是英文"船长"（左图）
新疆的姑娘美丽大方，汤米在"孔雀开屏"的阿姨面前显得颇为害羞（右图）

过了。比这里空气温度更高的是离吐鲁番市10公里处的火焰山。不仅是因为山的颜色呈红灰色和山石的褶皱纹理像燃烧的火焰，而且表面的炎热程度也如同火烤一般，温度最高时可以达到80摄氏度！估计烧水和煎鸡蛋都不成问题。《西游记》中孙悟空、猪八戒和沙和尚护送唐僧也到过此地。杰米特地包上了用凉水浇湿的毛巾，骑上了30元走50米路途的骆驼，只是为了体验一把孙悟空师徒的艰辛旅途。

2003年间北京基本上家家户户的住宅里都安上了空调，像我们小时候，每逢盛夏时节，晚上在室外乘凉、席地而睡的情形已经很少见了。可是吐鲁番没有空调。一入夜，大街小巷里都是大大小小的席子、薄薄厚厚的床垫，更有甚者将整张床都搬到屋外，在星光下露宿。我们一家睡在有空调的宾馆里，但是白天孩子们都在屋外玩耍，仍需时不时地用渠水降温解暑。二米在玩耍过程中还交了一个吐鲁番朋友，名叫库迪来提。

一周的时间很快就过去了，二米恋恋不舍地离开了吐鲁番和他们的新朋友。我们一家继续乘坐从乌鲁木齐到喀什的火车，去实现威廉的喀什梦，听说这趟列

坎儿井

坎儿井水利灌溉系统是新疆戈壁绿洲上的一大特色，是古代人们根据干旱区水文地质的特点，针对无法从地层深处提取地下水的情况，巧妙开发创造出的用暗渠引取地下潜流，进行自流灌溉的一种特殊水利工程。

这些坎儿井构造奇特，由竖井、暗渠、明渠和涝坝四部分组成。其中，竖井为开挖暗渠时提供定位、进入、出土和通风的功能，且可作为整个工程完成后检查维修之用；暗渠可作为地下潜流的集水廊道。这些地下水最终流出地表，经过明渠，进入涝坝（即小型蓄水池）。整个工程的主体深埋地下，从地面上很难窥其全貌。由于坎儿井的井水不经过地表，直接利用地势的落差通过地下暗渠进行输送，因此不易受到季节以及风沙的袭扰，且可有效防止水分蒸发。

车是五年前才开通的。

在喀什，我们住的其尼瓦克宾馆很有名，而且历史悠久，曾经是英国驻喀什的总领事馆，被称为"中国花园"。从1900年起，被中国人痛斥为文物盗贼的英国人奥雷尔·斯坦因每到喀什便应总领事馆的邀请在这里下榻。不过100年前的斯坦因总是在总领事馆的院子里搭帐篷露营，还在帐篷里冲洗照片。"中国花园"如今成了其尼瓦克宾馆的餐厅和娱乐场所，宾馆的主楼是一座新建的没有什么特色的高层建筑。我们的房间在六层，窗户外可以看到天山顶上的皑皑白雪。

汤米对大量地吃羊肉串和手抓饭显然消化不了了，刚到喀什就上吐下泻。幸亏我随身携带了专治肠胃不适、呕吐不止的药物。但是在喀什的4天，我为了照顾汤米，连酒店房间都没有离开过。我对喀什的印象（相信汤米跟我一样），只有那窗外随着日出和日落变换着色彩的天山。

新疆之行，让孩子们第一次感受到中国少数民族地域之美和人们的热情好客。在回北京的火车上，广播里传出关牧村圆润的女中音："新疆是个好地方，天山南北好牧场……"杰米把这首歌的歌词抄录在了他的日记本里。

美国

跟随爸爸来一场『演讲之旅』

"对你来说，抢银行难，还是写书难？" 这是威廉带着10岁的杰米参观美国旧金山恶魔岛监狱时，向美国银行抢劫犯达尔文·库恩提出的问题。答案令人好笑："写书用了我3年时间，比抢银行可难多了！"

时间要回到2004年元旦刚过的时候。

早在之前半年，威廉就规划着来一场横穿美国的"演讲之旅"，从西到东，从旧金山到纽约。可是实际出发的日子是在杰米2004年期末考试的两周之前。威廉告诉我，他要带着杰米去美国，不准备让杰米参加期末考试了。看他那个劲头儿不是在跟我商量。我一听就气不打一处来。什么？不参加考试？那么这个学期没有成绩怎么办？

杰米听说要去美国，还可以不参加期末考试！高兴得蹦了起来。这件事的结果可想而知，胳膊拗不过大腿，一个人掰不过两人，他们最终成行了。迄今为止，我还没有踏上过美国的土地，以下内容都是来自杰米的日记《美国之行》（他称之为"环球之旅"。因为杰米和威廉从西至东横跨美国后，又飞往

杰米在自由女神像前

英国看望爷爷，再从英国飞回北京，整整绕了地球一周）。

我们是从旧金山的"金门"进入美国的。从机场到市中心，乘坐的是往返机场和市中心的大巴，我们住在复古山庄行政酒店。到了酒店我已经饥肠辘辘，在附近一时半会儿找不到吃的，爸爸就带我去了唐人街，买了几个香蕉。我们坐在华盛顿广场上用香蕉填饱了肚子。之后乘坐Tram（有轨电车）回到住所。这种有轨电车发出的"叮叮当当"的声响，非常悦耳，一下子赶走了我们长途飞行的疲劳。

入住之后，我一点儿没闲着。爸爸让我把这两天发生的事记下来，还在我的日记本里写了十几个问题，让我一一笔答：

问：你的飞机是几号起飞的？
答：飞机是在元月2号起飞的。

问：你出发的地点在哪里？
答：在北京国际机场。

问：你乘坐的飞机是直达还是要在其他地方停留？
答：不是直达。我们先飞往

上海，再从上海飞到旧金山。
……

旧金山是中国人对三藩市的称呼。三藩市是美国淘金热的中心地区，早期华人劳工移居美国后多居住于此，称之为"金山"，但直到澳大利亚的墨尔本发现金矿后，为了与被称作"新金山"的墨尔本做出区别，就改"金山"为"旧金山"。

金门大桥是旧金山的象征。这座桥如同通往金矿的一扇大门，因此被命名为"金门大桥"。爸爸想让我感受一下这座"金门"，就在渔人湾租了两辆自行车，我俩骑行跨过大桥。1937年竣工的金门大桥并不是金色的，而是橘红色的，很好看。它虽然不是世界上最长的悬索桥，但它却是最著名的，很多影视剧都在此取景拍摄。我们一路上停停走走，边拍照片，边看风景，来回一共骑行了26公里。

站在景色优美的旧金山海湾，可以看到不远处的一个小岛。在1934～1963年期间，它曾经是关押重罪犯人的监狱，人们把它称作恶魔岛（Alcatraz）。之所以把监狱建在一个孤岛上，其中一个原因是因犯难以逃跑。现在这个监狱成了旅

威廉和杰米在美国旧金山金门大桥前留影

游区。我和爸爸乘坐轮渡5分钟后就来到这所监狱。我看到里面有一排排的单人牢房，狭小，只有三样设施：一张床、一张桌子和一个自来水面盆。一个名叫达尔文·库恩的犯人，在1959～1963年期间，被关押在1422号牢房里。他是因抢劫银行被抓捕入狱的。这是一个从无恶不作到改邪归正的鲜活例子。他刑满释放后，不但融入正常人的生活，还助人行善，先后抚养大了9个无家可归的孩子。"只有亲身走进那个狭小的空间，我才真正意识到，自由是多么的难能可贵。"达尔文在他的传记《恶魔岛——

真实的底线》里这样写道。爸爸给我买了一本他的书，我还让他签了名。

当然，爸爸带着我来美国不是为了观光旅游，主要是巡回演讲。1987年爸爸从英国利物浦只身来到中国长城探险，后来留在中国研究长城。在观察到长城面临危机时，他提倡并身体力行，用亲自组织志愿者捡拾长城上的垃圾的行动保护长城环境，提高人们的环保意识。爸爸因此成了名人，接受很多媒体的采访，也受到许多机构的邀请做演讲。这次来美国，爸爸就是应旧金山美国考古学院（Archaeological Institute of

恶魔岛监狱

恶魔岛原名「鹈鹕岛」，因岛上生活着大量的水鸟鹈鹕而得名。鹈鹕岛位于旧金山湾中央，四面被冰冷的海水与险峻的岩石所环绕，地理环境特殊，因此1934年起，美国联邦政府将这个岛设置为监狱。「恶魔岛」之名，据称源于岛上囚犯如试图越狱，都因海水受阻，或被抓回，或染病身亡，此其一。其二是因为这个监狱自1934年建成到1963年结束使用，美国历史上恶名昭著的重刑犯，均曾关押于此。

我国著名科学家钱学森也曾被关押于此。

恶魔岛监狱曾经的犯人库恩（左）在其著作《恶魔岛——真实的底线》上签名

威廉正在纽约探险家俱乐部做关于《万里长城：从探险、研究到保护》的演讲

America）、明尼苏达州北田市卡尔顿大学（Carleton College）、明尼阿波利艺术学院（The Minneapolis Institute of Arts）和纽约的探险家俱乐部等之邀做4场演讲。他演讲的题目是《万里长城：从探险、研究到保护》。

纽约是这趟美国之行中我最喜欢的现代化城市。无论是高举火炬的自由女神、巍峨挺立的帝国大厦、霓虹闪耀的时代广场、歌舞升平的百老汇，还是美国国家航空航天博物馆，都让我着迷。可惜我没能看到世贸双子塔，我来到时，这两座建筑已经在3年前的"9·11"恐怖袭击事件中变成了废墟……

如果你问我最让我激动的地方在哪里，我想恐怕要算探险家俱乐部。作为全球最令人敬畏的野外科学机构之一，它的现任、历史和荣誉会员都赫赫有名：首次登顶珠穆朗玛峰的希拉里（Edmund Hillary）、第一个在月球上留下脚印的宇航员阿姆斯特朗（Neil Armstrong）、世界上最权威的黑猩猩研究专家和灵长类动物学家珍·古道尔女爵士（Dame Jane Goodall）等。让我感到自豪的是爸爸也在这个名单之中。

现任俱乐部主席理查德·威斯（Richard Wiese）正带领俱乐部适应新的时代。他说："在科学上，如果一个有机体不进步，它就会灭亡。的确，我们俱乐部有一段辉煌的历史，但我们的会员关注的是未来——是气候变化，是动物和人类的保护。所以说，我们越能向对世界有好奇心的人推广和普及科学就越好。这个世界还有很多神奇之处，我们的任务就是去找到它们。"

虽然当时我对他说的话似懂非懂，但我朦朦胧胧地感到他说的话很重要，无论是对探险家俱乐部，还是对于我的未来。

如今，杰米已经从北京大学历史系毕业，正在自己创业。想起当年因跟着爸爸来美国而没来得及参加小学四年级期末考试的经历，他深感爸爸的远见卓识。的确，考试可以补，学习成绩可以慢慢提高，但有的事情一生可能只会遇到一次机会。杰米10岁的那次"环球之旅"，就属于后者。

冰岛
浓缩了地球上所有自然景观的地方

2004年夏天的冰岛并不欢迎中国的"自由行者"，尽管我还与属于欧洲子民的丈夫和孩子们同行。前去冰岛驻北京大使馆办理签证，碰了一鼻子灰——大使馆只办理团体签证。使馆工作人员倒是挺富有同情心，建议我到丹麦驻英国曼彻斯特领事馆碰碰运气。因为冰岛曾经是丹麦的附属国，在那里或许可以代办去冰岛的签证。

我们一家四口于7月中旬乘英航前往伦敦，再转机去曼彻斯特。在多次去敬老院探访威廉老爸的间隙，我抽空去了丹麦驻曼彻斯特领事馆。令人欣慰的是这里的办事门槛似乎极低，不到一个小时，一切就办妥了，只等一周后取证。

对于这次冰岛旅行，随着时光的流逝，每天去了哪儿，都做了些什么，很多记忆都有点模糊了，多亏了有杰米日记里的记录：

不断融化的冰川

冰岛，8月8日~20日

第1天：乘坐冰岛快捷航空（Iceland Express）班机，从伦敦的斯坦斯特德机场前往冰岛首都雷克雅未克。然后转乘大巴去青年旅舍（YHA）。

第2天：上午在雷克雅未克海湾观赏鲸鱼，下午在Geothermal游泳池游泳。

第3天：参观首都市中心和大教堂，下午去蓝湖。

第4天：开始大巴行。第一站Lagravatn，住青年旅舍。下午在湖中划皮划艇，晚上在院子里泡热水澡。

第5天：大巴第二站，去Gullfoss观赏一个巨大瀑布，看地热间歇喷泉。

第6天：骑马，是一匹小母马，她的名字叫珍珠。还有一个教练阿姨，名叫艾玛。晚上乘大巴去Vik。

第7天：大清早，徒步在黑色沙滩上看日出。白浪滚滚，海鸟成群。乘大巴去Hofn，250公里，穿越凝固的火山岩荒漠。在冰湖稍停，晚上到Hofn参观一个早期英国探险家穿越Vatnajokull冰盖的展览。

第8天：在Vik海边漫步，住青年旅舍，看2004年希腊雅典奥运会比赛的电视转播。

第9天：乘短途大巴去Vagstabir青年旅舍，准备第二天上Vatnajokull冰帽的探险。恐怖啊！

第10天：一整天都在冰川湖。中距离徒步和乘水陆两栖船游冰川湖。

第11天：400公里大巴回到首都，晚上泡在游泳池里。

第12天：在文化书屋读书，采购，游泳，晚上坐大巴去机场附近的青年旅舍。

第13天：乘飞机返回伦敦。

以上的日程安排，给你的印象一定是：户外多于室内，自然多于人文。真真切切！冰川、地热间歇喷泉、冰盖、火山熔岩荒漠、瀑

冰盖上不时可以看到
深不见底的大裂缝

布、黑色沙滩等千姿百态的自然风光，恐怕也是我们带孩子去冰岛旅行的主要目的；骑马、徒步、划皮划艇、游泳、观鲸和观鸟，那是孩子们喜欢的项目，至于参观教堂、读书等室内活动嘛，那只是我们见缝插针的安排了。

十二天的冰岛之旅，带给我们大人和孩子的感受颇多，有几个"最"想在这里说说：

1. 最令人产生遐想的火山熔岩荒漠。

冰岛是冰与火交融的岛屿。它大部分地域在北极圈内，只有两个季节：没有黑夜的夏季和没有白昼的冬天。冰岛冬季寒冷无比，但这里绝非只有冰，它的存在就是火山爆发，岩浆凝固的结果。

飞机在冰岛凯夫拉维克国际机场着陆后，要乘大巴进入首都雷克雅未克，时长半小时。即使在夏季的白天，所有车辆在行进中，大灯都是开着的。如果不是坐在奔驰大巴里，看着窗外一片一片的火山熔岩荒漠景观，我都会觉得自己是在人类的起点。冰岛在地球的历史上，只能算作婴儿：两千万年前，洋底火山爆发，岩浆流出后凝固，成为现代冰岛的"基石"。

在人类历史上，火山喷发时间最长的是1783年冰岛的Laki（拉基火山），它持续了整整8个月！冰岛一般每五年就有一次火山喷发。1963年的火山喷发还形成了新岛屿Surtsey。最近的一次喷发是2010年的冰盖下面的火山爆发，它融化了冰雪，造成洪水泛滥（2004这趟冰岛之旅，我们就在这座冰盖上体验到了世界的"尽头"和"末日"）。

我感觉冰岛是个离人心很远，离地心很近的地方。我们一家远离人群，而与自然融为一体。

2. 最无聊的海上观鲸。

我本来就是一个旱鸭子。虽然能在游泳池里扑腾几下，但在大江大海里就束手无策了，而且还有晕船的毛病。但为了孩子们的喜好，还是在抵达冰岛的第二天就安排乘船观看鲸鱼。

鲸鱼喷水、腾跃、穿梭和摇尾的镜头总是在诸如《动物世界》的电视栏目里出现，杰米和汤米兴高采烈，我也跃跃欲试，想要一饱眼福。来观赏鲸鱼的游客不少，除了与我们同住一个青年旅舍、天天吃方便面的两个香港学生之外，没有看到任何来自中国大陆的旅游团。每个游客都穿上了橘黄色的救生衣，我们一家人上了甲板，找好了观鱼的最佳位置。一位冰岛姑娘手拿着一个高音喇叭，她是我们的解说员。到了鲸鱼出没的水域后，大伙都骚动起来，一下涌到甲板上。"看！1点钟方向！"我还没有反应过来，"快看！10点钟方向！4点钟方向！5点钟方向……"，我们的头就像拨浪鼓一样，来回转动，船也因浪的袭来摇晃起来，胃里翻腾欲呕。我赶忙回到船舱里扶着椅子坐下。甲板上乱哄哄的，讲解员的"报时"的声音似乎离我很远……后来我问孩子们，汤米说他看到了鲸鱼，只是没有电视上的大；杰米则好像也在遭受晕船的痛苦。

3. 最令人敬畏的地热间歇喷泉。

盖锡尔（Geysir）距离冰岛首都不到一百公里，这里因世界上最大的间歇性地热喷泉而著称，以至于科学家们把世界上所有间歇性喷发的泉水统称为Geysir。这里的一个喷泉曾经每5分钟喷出一次，高达60米。每次喷发完结之后，可以看到水流向一个通向地下深处的缝隙，水呼呼地被吸到地心下面，之后又是一阵呼哧带喘的声响，表明里面正在积聚能量。然后，在你还没有反应过来之前，水柱突然间又喷发出来，将80多摄氏度的水瞬间抛向空中。

近百年来，这座"巨人泉"已经老态龙钟，如果不人为地给予帮助，它就无法工作。有一年，为了举行一个庆祝活动，当地人往洞里灌进数吨的肥皂水，它才暂时焕发了青春。

我们当时看到的是一个小盖锡尔，每10分钟喷出一次，高20米。周围还有不少大大小小的喷泉，有的喷，有的吼，有的直冒热气。那种景象我毕生难忘。这种大自然咆哮起来宣泄能量时的威力令人敬畏。在这趟旅行结束后，威廉、我和杰米不约而同地选择了盖锡尔为我们最喜爱的冰岛景点（汤米年纪小，还没参加我们的"评比"）。

4. 最令人恐惧的冰盖探险。

Vatnajokull冰盖足足有8300平方公里的面积，占了整个冰岛国土面积的十二分之一。2004年，冰盖的南部边缘已经开辟成国家公园，游客可以乘车体验。

我们租了一辆四驱车，轮子大得和汤米一样高。它属于一个"冰盖探险俱乐部"。当车开到半山腰，司机让我们都下车，说是为了安全，轮子里的气要放

间歇泉

冰岛地处亚欧板块与美洲板块交界处，活跃的地壳运动、复杂的地形地貌给予了这个国家丰富的地热资源，使它成为世界上地热资源最为丰富的国家。

由于火山活动频繁，地下炽热的熔岩将周围地层的地下水烤得很热，化为水汽。水汽沿着岩石层中的裂隙上升，当温度下降到汽化点以下时，即凝结成温度很高的水，每隔一段时间即喷发一次，这就是间歇泉。

最令人敬畏的地热间歇喷泉

汤米对海滩上的黑沙子好奇无比

掉一半。这给我们带来了一丝紧张。车晃晃悠悠地爬到冰盖上后，行动缓慢，左右打滑。越往前感觉越冷，常常可以看见一米多宽、望不见底的深沟，感觉似乎到了世界的边缘。我们的头时不时地撞上车篷。汤米在大叫，杰米也喊着"我要回家"，而我唯一能做的，就是用手捂住汤米的头。杰米在他的日记里这样写道："当时，我恨这个行程，如此担惊受怕。现在想来，真是刺激！伟大的探险啊！"

后来，在冰岛之行的第七天，我们到达Vik，参观了一个展览，其中陈列和展示的就是100多年前英国探险家成功穿越这个冰盖的装备，这才发现，比起探险者所面对的恐惧和困难，我们这个怕是连"小巫见大巫"都算不上。

后话：

2018年6月，汤米高中毕业了。他与五个同学相约去国外一个国家旅游，来庆贺一下中学毕业。他选择了冰岛，并且亲自组织和安排了全部行程。估计14年前的那趟冰岛之旅，在他的幼小心灵里留下了很深的印象吧。

意大利

『条条大路通罗马』

我们一家人去罗马旅游过两次。

第一次是在2006年7月13日。头一天，威廉刚刚在伦敦白金汉宫接受英国女王的授勋，第二天，我们一家就乘坐"欧洲之星"从伦敦滑铁卢站到法国巴黎，再马不停蹄地坐夜车从巴黎到达意大利罗马。

谁想，罗马火车站里行人稀稀拉拉的，一打听，原来城市公交车的工人正在大罢工。既没有出租车，也没有任何公共交通工具，我们只好利用我们的11号车（双腿），步行3公里去酒店。

罗马的夏天炎热无比，顶着大太阳行走对孩子们来说并不容易，而且5岁的汤米也得"下车"走路，因为他的"坐骑"得贡献出来装那些没有轮子的行李。《孤独星球旅行指南：罗马》里对罗马的"口袋安全"系数评分并不高，据说在公交车上钱包不翼而飞的事情时有发生。我们便自我安慰：公交车工人罢工也许是件好事，至少我们这次不会遇到这种不快之事。

我们入住的独一神殿酒店（Albergo Del Sole Al Pantheon Hotel）的地理位置很特别，它距离万神庙（Pantheon）仅有100米，而且就在万神庙的正对面。我们的房间就在这座"居民楼"里的第二层——这栋楼的上下都是私家公寓，只有这一层属于这个酒店的一部分。

当然，我们在罗马参观的第一个旅游景点就是万神庙。万神庙是供奉众神的寺庙，以罗马的这个"万神庙"最为著名。此庙始建于公元前27年，后遭毁，哈德良皇帝统治时期重建。由水泥浇铸成圆形，上覆半球形穹隆顶，直径43米。公元609年被改作圣马利亚圆厅教堂。对此，杰米是这样描写的："穹顶上留有一个'大洞'，除了让众神自由出入之外，也是为了采光的需要。"

岁月流逝的过程中，自然力带给万神庙的损毁远不及人为破坏严重：16世纪中叶，为了重建圣彼得大教堂，教皇乌尔班八世曾下令将万神庙门廊天花板上的镀金青铜板拆下来熔化，用来建造圣彼得大教堂主祭坛上的天盖，以及铸造圣天使城堡的80门大炮！

一天，我在万神庙附近的书店里意外发现了一本意大利文和英文对照的版画册，名叫《跨越世纪观赏万神庙》（Views of PANTHEON across the centuries）。其中一张是站在万神庙门口，向喷泉方向画的。当时喷泉中间还没有立起方尖碑，其背景就是我们的"居民楼"，二层从左边数第一和第二间就是我们房间窗户的位置。

这幅画画于1578年，说明我们住的楼至少有428年历史了；还有一幅是从"居民楼"向万神庙的方向画的，日期是在1752年，这时的绘画上已经出现了方尖碑。

翻阅着这本画册，我通过前人的绘画观察鲜活的当下。每天早上我可以足不出户，观赏到万神庙顶上的第一缕阳光；夕阳西下时，还可以与那些坐在广场周围咖啡店和餐厅里的人们一道，感受时间在眼前慢慢流淌。

2006年，孩子们年龄还小，特别是汤米。那次罗马之行，除了在万神庙周边走动得多一点之外，他对罗马的印象，就只剩下一个"热"字，因为每天都是在35摄氏度高温中度过的。酒店里虽然有空调，但是噪声大，制冷很差，因此孩子们每次外出的头号任务就是玩水降温。在这样的高温下，斗兽场、罗马博物馆、梵蒂冈的圣彼得大教堂和西斯廷教堂都遗憾地匆匆而过了。好在罗马城市里的饮水管、古喷泉到处可见，每到一处就先找水洗脸、玩水。有一次汤米因进到水池里面泡脚还招来警察的呵斥。

这次罗马之行，杰米在日记里还留下了一些有意思的记录：

2006年我们第一次去罗马,打开酒店房间的窗户,就能看到万神庙及其广场上的人们的一举一动

2006年,杰米和汤米在万神庙广场上玩水

问：意大利什么最著名？

答：

食物：Spaghetti（意大利面条），Lasagne（意大利卤汁面片），Ravioli（意大利水饺），Pissa（比萨饼）

饮品：Cappuccino（卡布奇诺咖啡），Espresso（拿铁浓咖啡），Frascati（干白葡萄酒），Nastro Azzurro（啤酒）

音乐家：Antonio Lucio Vivaldi（安东尼奥·维瓦尔第）

时尚设计师：Giorgio Armani（乔治·阿玛尼），Gucci（古驰）

名人：Marco Polo（马可·波罗），Michelangelo（米开朗基罗），Leonardo di Vinci（达·芬奇）

罗马皇帝：Hadrian（哈德良皇帝），Julius Caesar（凯撒大帝），Augustus（奥古斯都大帝），Constantine（康斯坦丁大帝）

万神庙的设计师：Marcus Agrippa（玛尔库斯·阿格里帕，奥古斯都大帝的女婿）

2014年寒假，我们一家再次来到罗马，这次是从北京直飞。我们选择的是家庭旅馆，它离万神庙也不远，在距离它约170米的东边小街里。

距离上次来罗马8年过去了。杰米已经从一个初中生变成了大学生，他有了摄影的爱好；汤米也从幼儿园小朋友长成了英俊少年，与哥哥稍微不同，他更喜欢摄像。这趟旅行之后，他拍摄、剪辑了一个25分钟的视频《林赛一家子2014意大利之行》。

汤米为了拍好万神庙这一建筑，前后进出了好几次。万神庙大门非常厚重，开一扇门需多人合力。早上天刚亮，汤米就准备好了摄像机，八点整就等在万神庙门口。开门的铃声一响，大门慢慢开启了一个小缝，一双不大的手握住了门，接着另一双大手握住了门，最后又有一双不大的手握住了门，门"吱吱呀呀"地往里慢慢移动着，门

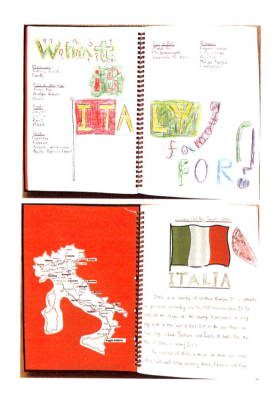

1752年的画作：从居民楼看万神庙，方尖碑已经立起

万神庙

万神庙是至今完整保存的唯一一座罗马帝国时期建筑，始建于公元前27～25年，由罗马帝国首任皇帝屋大维（即奥古斯都大帝）的女婿阿格里帕主持建造，用以供奉奥林匹亚山上"所有的神"，因而叫"万神庙"。公元80年被焚毁。

现今所见的万神庙主体建筑是哈德良皇帝于公元120～124年所建，其内仍供奉罗马的所有神祇。公元609年，万神庙被赠予罗马教皇卜尼法斯四世，随即改为天主教堂，更名为圣母与诸殉道者教堂，后被定为意大利国立教堂。

万神庙是古罗马精湛建筑技术的典范，其结构简洁明了，主体呈圆形，宽广空旷，无一根支柱，顶部覆盖着一个直径达43.3米的穹顶，中间有一个直径8.9米的圆形大洞，是整个万神庙内唯一的光源。整幢建筑均由混凝土浇灌而成，但当时如何用混凝土浇灌出如此巨大的穹顶，至今依然是一个谜。

汤米在斗兽场上拍摄（2014年）

缝越来越大，3个人的头一个接一个地露了出来，他们是万神庙的工作人员——一男两女。大门开了，汤米第一个缓步走进庙内，镜头从平视，慢慢仰起，一直到那个上帝自由出入的"大洞"……

这次在罗马，汤米又领教了罗马警察的厉害。他在万神庙广场上拍摄外景时，刚准备架起三脚架，就受到了罗马警察不留情面但很有礼貌的制止："在古老的石头街道上禁止使用三脚架！"汤米对此一直耿耿于怀，他在视频的鸣谢中这样写道：不能感谢罗马警察。因为我不能用三脚架，视频里的很多镜头过于摇晃！但

尽管如此，汤米还是打心底里挺佩服罗马警察对文物的尊重态度。

本文标题"条条大路通罗马"原话是"All Roads Lead to Rome"，这是一句谚语，出自《罗马典故》，是指做成一件事的方法不止一种，人生的路也不止一条。罗马，你也许去过，也许没去过；也许是直飞去的，也许是绕道去的，那都没什么关系。重要的是对于如何接受国际教育的问题，我们可以采取不同的方法：可以出国留学，在有围墙的学校通过书本学习知识，也可以像我们这样，通过对某一个地方一次次的实地造访，来接受"国际教育"。

印度
『拯救老虎！』

我正在翻阅杰米2007年的寒假日记——印度之旅。

无论是在摄影视角还是在思维方式上，杰米都总能与众不同，同样，他给这本日记装饰的封面也很独特。整个封面和封底是用一幅绢画包裹着，上面画的既不是印度最美古建筑泰姬陵，也不是印度风光甲天下的茶园，而是一只孟加拉虎的双眼。它们看上去既凶狠又惊恐，还略带自怜。

杰米和汤米兄弟俩都在北京长大。他们小时候，如果想看老虎，就得去北京动物园。可是他们每次都是高兴而去，扫兴而归。动物园里的老虎，要么懒洋洋地躺在地上晒太阳，要么压根儿就足不出户，无从见到它们的踪影。这次去印度能亲眼一睹野生孟加拉虎的尊容，对他们来讲是最高的奖赏。

杰米详细生动地描述了观虎经过：

参观了世界最美的古建筑泰姬陵之后，另一个"必须看"的就是野生孟加拉虎。但是我们并不能打包票是否能够称心如意。几个世纪以来，人类为了虎皮、虎骨，甚至仅仅是一种休闲运动，导致大量孟加拉虎被猎杀。特别是近两百年，在世界范围内，原有的十万多只孟加拉虎，如今仅剩下不到4000只，

杰米拍摄的孟加拉虎

它们中的一半都栖息在印度丛林之中。孟加拉虎已经成为世界濒危动物。

值得庆幸的是，现在印度政府开始下大力气保护孟加拉虎，除了禁止猎杀之外，还建立了40多个国家公园。在这些国家公园里，游人可以亲眼观赏到野生老虎。

爸爸提前在印度拉贾斯坦邦伦腾波儿国家公园做了预定。为了观虎方便，爸爸还预订了离国家公园仅有5公里的"帐篷酒店"。2月5日一大早，不到6点，天还没亮，我们就起来了，早饭都没来得及吃，就集合出发进入国家公园动物区。我们乘坐（实际是站着）一辆专为观赏孟加拉虎和其他野生动物的敞篷车。

我们首先看到了孔雀和猴子。在北京动物园里，我们偶然能看到孔雀开屏，而这里的孔雀不仅开了屏，还会展翅高飞！这是我有生以来的第一次！那些个头不大的猴子全身毛发灰白，长着一张张小黑脸，它们的尾巴蜷曲着朝上翘着。我和弟弟争抢着看一本《印度动物野外指南》，里面有关这种猴子的介绍，很有趣儿。这些怪猴经常与身上带有白色斑点的梅花鹿打招呼，在危急时刻还相互提醒，相

互通报老虎和豹子的行踪。

这会儿，我们的敞篷车在狭窄的小路上缓慢地开着，途经一座印度教庙宇遗迹。当车开过一个狭窄的门之后，司机开始加速了。我们时不时地需要蹲下或弯下腰来躲避路边树枝，以免遭到抽打。好在我们都戴着帽子。

这时车经过了一个水塘。有一大群梅花鹿悠闲自得地在水塘周围觅食；鳄鱼一动不动地趴在水里，好似一座座石雕。我想，在这么安详的环境里要找到老虎的踪迹，可能性不大吧？

我们的车又接连开了3个小时，最终还是无功而返。我们先回到酒店吃早餐，又在游泳池里泡了大半天，我和弟弟都盼望着下午再有机会看到老虎。

下午我们又开始"上班"了。我们大约在车上晃动了一个多小时后，突然听到导游大喊："老虎！老虎！"嘿——真的，就在70米开外！一只近两米长的老虎向我们车的方向走来。它并没有意识到我们的存在。我屏住呼吸，轻轻举起相机追踪着老虎的身影。只有20米远了！咦？老虎怎么不见了！莫非它发现了我们？这时司机把车开了个U字形，进入一条通往那个

汤米在英国总督大宅子里跑上跑下，他身后的墙上展示了一张孟加拉虎皮（左图）
为方便看老虎，我们预订了离国家公园比较近的"帐篷酒店"（中图）
汤米和印度小朋友合影（右图）

小水塘的小土路。

　　当我们快接近小水塘时，只听见一头水鹿嘶声尖叫着，其余的鹿都警觉地抬起头来。那只老虎又出现了！它慢悠悠地朝水塘走来，准是口渴了，想来饮水。老虎用水灌饱了肚子之后，舔了舔嘴，又溜溜达达地原路返回了。再看梅花鹿们，早就跑得无影无踪。

　　信不信由你，在回酒店的路上，我们又撞见了这位老虎朋友，它离我们的车也就十几米。我和爸爸都拍到了它！别说我和弟弟，就

连爸爸都兴奋不已。他说：来到印度，看到最美的建筑泰姬陵，又看到最稀有的动物孟加拉虎，我太幸福了！

　　看完老虎的第二天，我们又马不停蹄地上路了。当天晚上住在一座大房子里，偌大的建筑就我们4个人，显得空空荡荡的。孩子们观虎的兴奋劲还没有消失，这里的一些景象又引起了他们的注意。

　　印度在1947年独立之前，一直是英国的殖民地，这个过程长达

190年。期间，有13个地区由英国总督直接管辖，其他多个地区分别由印度王公贵族在英国人的监督下管理。我们下榻的地方，就是其中一位英国总督的府邸。

这座米黄色的西式二层小楼坐落在一个山坡上。四周绿草如茵，旁边有一个不大的游泳池，池子里的水清澈见底。孩子们一到地方，就像小羊撒欢似的楼上楼下、房前屋后到处窜，满地跑。一层大厅里几组沙发围在一起，用鲜花装点着。"这里有个台球室！"杰米在喊。汤米这时在往楼上跑，"妈妈，看——墙上有老虎皮！"我想，那肯定是一张孟加拉虎的皮。

孟加拉虎是世界上数量相对较多的一个虎亚种，也是现在唯一能在野外被观看和拍摄到的老虎。虽然数量多，但也被列入国际自然保护联盟红色名录中。目前孟加拉虎由国家老虎保护机构National Tiger Conservation Authority（NTCA）负责管理和保护。近20年，猎杀孟加拉虎被禁止，它们的生存条件得以改善。据WWF

印度知名度最高的古迹之一，世界文化遗产，是17世纪莫卧儿帝国皇帝沙·贾汗为纪念其已故皇后阿姬曼·芭奴而修建的巨大陵墓清真寺。泰姬陵展现了高超的建筑设计水平，是印度穆斯林建筑的代表作，充分体现了伊斯兰建筑艺术庄严肃穆、气势宏伟的特点。整个陵寝由殿堂、钟楼、尖塔、水池等构成，上下左右工整对称。陵园四周围以红沙石墙，进口大门也用红岩砌建，整个建筑群的色彩沉静而明丽。其中全部由纯白色大理石砌建、宝石镶饰而成的主体建筑最引人瞩目，图案之细致亦令人叫绝。

汤米在泰姬陵前。除了大理石镶嵌彩石的建筑本身，泰姬陵和周边环境的对称美给人极深的印象

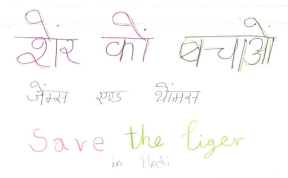

a stamp

这是杰米的一页日记，上面分别用印度文和英文写着"拯救老虎"

（世界自然基金会）统计，孟加拉虎的数量开始增长，由2006年的1411头，上升到2016年的3890头。

　　随着印度旅游业的发展，观虎成了吸引游客的旅游项目，但是如果游人太多，也会打扰孟加拉虎的正常生活。听一位北京的记者朋友说，2011年印度政府为了不打扰虎的生长，已经关闭了几家观虎国家公园。

　　杰米在游泳池里一身清爽之后，把在国家公园购买的孟加拉虎绢画粘在日记本的外面当封面装饰，一张明信片贴在日记本里，上面还用印度文和英文写下："拯救老虎！"

埃及

跟着法老图坦卡蒙游埃及

图坦卡蒙（Tutankhamun，公元前1332～前1322年在位）是一个"9岁君临天下，19岁离奇死亡"的埃及新王朝时期第十八王朝的法老。他距离我们遥远的不是地域，而是时间——他比我们见到日出差不多早了3300多年！但是，正是这位法老引领我们一家来到埃及旅行，而且是两次！

造访埃及的原动力

1972年，为了纪念英国考古学家霍华德·卡特（Howard Carter）发现埃及法老图坦卡蒙陵墓50周年，大英博物馆举办

了50件图坦卡蒙陵墓文物展。威廉跟着爸爸妈妈，与其他160万游人一道专程来到伦敦参观，那一年他16岁。

埃及法老图坦卡蒙无论在功绩还是在形体上都称不上伟大。由于近亲结婚的习俗，他患有一些遗传性重疾，走路都困难的他，更谈不上驰骋疆场。他在位仅10年，便离奇死亡。然而，让他驰名世界的却是，他的陵墓在3000多年的历史长河中从未被盗，直到1922年霍华德·卡特在卡尔纳冯伯爵（Lord Carnarvon）的资助下发现并挖掘出大量珍宝，震惊了世界。参观这次展览之后，威廉对埃及、对埃及历史及文物的兴趣就从未减弱过。

两年后，威廉考上利物浦大学，虽然没有学习考古（主修地质地理专业），但毕业后的第一份工作就选在了埃及——苏伊士湾油田。油田给威廉安排的工作时间是28—28，即工作28天，休息28天。在第一个休息期间，威廉没有回家看望父母，而是留在埃及，沿着尼罗河寻找法老图坦卡蒙的踪迹。

第一次全家来埃及

2008年寒假，威廉第一次带我们全家来到埃及。飞机从伦敦起飞，4小时后在开罗机场降落，当地时间已经是凌晨1点，有车来接我们去威廉当年在油田工作时的合同酒店——尼罗河希尔顿酒店。早上9点，吃过早饭后做的头一件事就是步行去离酒店不到300米的埃及国家博物馆。博物馆里展出与图坦卡蒙相关的文物，除了重达约11公斤的金面具之外，还有埃及历史上唯一保存下来的古埃及法老宝座等，唯独图坦卡蒙的木乃伊被留在了地下陵墓里。

其实，在埃及的古王国时期，各朝代法老都是以建金字塔作为最终归宿的。例如离开罗20公里的吉萨金字塔群。对于这些建筑，杰米曾惊叹道："今天我看见金字塔了，有3个大的，都已经4600岁了。金字塔大得不可想象。我和爸爸绕着金字塔跑了一圈，跑得气喘吁吁；从金字塔根往上瞧，看不见塔尖。对金字塔高度最有感觉的位置是站在金字塔的四个角，沿着塔脊向上看。仔细算算，最大的金字塔得有230万块大石块组成，据说花了20年才建成。"——这是杰米日记里的一段。

金字塔，英文的意思就是"棱锥体"（The Pyramid）。我真得感谢把"棱锥体"翻译成"金字塔"的翻译家，翻译得那么贴切和形象！既把金字塔的形状用一个"金"字表现出来，又彰显了它的尊贵。其实，在金字塔刚刚建成的时候，最外层是有装饰石板的，它在日出和日落阳光的照射下，金碧辉煌，就如同镀上了一层金箔。

埃及吉萨金字塔群

图坦卡蒙

　　图坦卡蒙是古埃及新王国时期第十八王朝的法老，9岁君临天下，19岁暴亡，根据目前较为通用的一种说法，其死因为一种家族遗传病。图坦卡蒙在位时间短，显然不可能产生卓著的功绩，但之所以广为世人所知，是由于其墓葬的发现，是埃及考古史乃至世界考古史上最伟大的发现。

　　图坦卡蒙的坟墓是埃及最豪华的陵寝，也是3000多年来唯一一个完好无缺的法老陵墓，此前从未被盗，直到1922年才被英国人霍华德·卡特（Howard Carter）发现，挖掘出了大量珍宝。随葬品填满了这个陵墓的各个角落，其中最著名的是黄金面具，重10.23公斤。图坦卡蒙的木乃伊则由3个人形棺与3个外廓层层保护着。所有出土文物超过5000多件，每件都是无价之宝。这些文物无可比拟的历史价值和所蕴含的谜团使得图坦卡蒙陵墓成功地位列世界十大宝藏的第一位。

　　让图坦卡蒙之名广泛流传的还有"法老的诅咒"。古埃及文明极为重视来世与死后复活，因此图坦卡蒙陵墓的墓室口刻有神秘的咒语，巧合的是，在挖掘之后的一段时间里，先后有二十多名参与陵墓发掘的探险队员意外死去，诸多神秘的死亡事件似乎验证着这些恐怖的诅咒。一时之间，"法老的诅咒"被大肆渲染，这一令人毛骨悚然的怪事也成为考古史上的一个谜团。科学家们偏向于认为，科学的解释是，"法老的诅咒"是感染了某种有毒真菌的结果。

从法老图特摩斯一世（Thutmose I）（约公元前1506年~约前1493年在位）开始，为了防盗，法老陵墓从地面转入地下。距离古埃及首都底比斯（今天的卢克索）不远处的一片荒无人烟的石灰岩峡谷成了法老的陵墓区——帝王谷。

我们全家离开首都开罗来到古都卢克索，在尼罗河上乘坐三角帆船欣赏两岸风光。帝王谷就坐落在尼罗河西岸。被发掘出来的62座陵墓中，向公众开放的有19座。每张票可以选三座参观。我们一家不走寻常路，没有乘车前往帝王谷景区，而是天不亮就起床，登上底比斯山，坐在山脊上欣赏日出后，才下山参观了3座陵墓：KV34号图特摩斯三世（公元前1479~前1425）、KV62号图坦卡蒙（公元前1333~前1323）和KV11号拉美西斯六世（公元前1145~前1137）。

问：Can you see anything?（你能看见什么吗？）

答：Yes, wonderful things!（是的，奇妙的东西！）

——这是1922年11月5日当天，霍华德·卡特和卡尔纳冯伯爵之间的对话。也正是在这一天，卡特推开了印有"图坦卡蒙"封印的石门，使得图坦卡蒙王陵重见天日。如今图坦卡蒙陵墓里面除了壁画、石棺和木乃伊之外，空空如也，当年卡特第一眼看到的那些"奇妙的东西"都移居并展示在开罗国家博物馆里。

故去的古埃及帝王都沉睡在尼罗河的西岸，河东岸曾是古埃及宗教和政治中心，也是现世者的生活区域。你可以看到古老的埃及神庙，还有不那么老但非常著名的冬宫酒店——卡特就是在这里向来自世界各地的媒体人宣布了图坦卡蒙陵墓的发现。当杰米和汤米在酒店的后院里追逐打闹时，威廉也要了一瓶埃及老牌啤酒Sakara，体验一把卡特喝着冰啤酒，宣布新发现时的爽快和兴奋。

二度造访埃及

孩子们虽然对法老图坦卡蒙和那些价值连城的金银珠宝兴奋不已，但他们对卡特如何"找到宝贝"更为好奇。

从1902年到1914年，考古学家们在帝王谷先后发掘了近30座帝王陵墓，但让人遗憾的是，这些王陵早在学术性的调查进行之前就全被盗墓贼洗劫一空，但偏偏有个人不信，这个人就是英国考古学家霍华德·卡特。

卡特花了19年在帝王谷进行挖掘工作。1922年11月4日，他发现在KV11号

杰米在比划卢克索神庙里的立柱的大小

汤米利用镜子的反光欣赏贵族陵墓墓道里的壁画

汤米在图坦卡蒙陵墓入口处拍摄陵墓说明（左图）
杰米和威廉围着吉萨金字塔群中最高的胡夫金字塔跑了一圈（中图）
玻璃投影秀——由演员扮演的霍华德·卡特正在讲解图坦卡蒙陵墓发掘的经过（右图）

拉美西斯六世陵墓旁边的碎石下，有一条6英尺长的石阶。他意识到那可能是一条隐没于地下的阶梯的一部分，于是他小心翼翼、缓慢地往下挖掘，直到第12阶时，一个入口展现在他的面前。外门上那3000年前的封印证实了这就是图坦卡蒙的陵墓，而且完好无缺。

法老图坦卡蒙陵墓中发掘出的5400件珍宝，于1922年从地下走上地面；2022年，它们将离开开罗国家博物馆，全部转移到新建成的大埃及博物馆里，而那时，正是霍华德·卡特发现图坦卡蒙陵墓100周年！

2010年，当我们再次来到埃及时，发现卡特当年的住处已经翻修成了博物馆，还原了卡特的客厅、书房、卧室和厨房。杰米琢磨着卡特的老式相机如何工作，汤米则在卡特的厨房里摸摸炉子，看看柜橱，想知道当年卡特吃什么喝什么，怎么才可以发现珍宝。那里还有个玻璃投影秀，让我们一家人大开眼界。一个扮演卡特的演员出现在玻璃屏幕上，仿佛就站在我们面前。他在房间里走来走去，一会儿坐到桌子上，一会儿打开幻灯机展示发掘现场图片，好像是卡特本人给我们讲述图坦卡蒙陵墓的发掘经过。二米兄弟迷上了卡特神奇的经历，都嚷着要在这里住一晚上。后来，我们打听到这个博物馆真的对外接待客人夜宿，不过每人每晚需

要2000美金！

　　"跟随"图坦卡蒙游埃及，有时会遇到"意外的惊喜"。河西岸除了帝王谷，还有皇后谷和贵族墓群。后者当时只能在外面看看，并没有对外正式开放。当我们在墓群外转悠时，见到两个守墓人，他们手舞足蹈，热情有加。"Baksheesh（巴克西施）！"他们冲着我们比划着。后来弄明白了，这是阿拉伯语的"小费"的意思。如果给他们小费，孩子们就可以享受"特殊服务"。还没等我和威廉反应过来，其中一个人就拿来两个镜片，一片递给杰米，一片自己拿在手中。他让杰米走入黑乎乎的墓道，"Stop！"那个人大喊一声，杰米立马停了

下来，这时一道白光从墓道口射来，杰米立马意识到这个"特殊服务"的真正意思了。杰米用自己手中的镜片迎接照射过来的阳光，顿时墓道里的壁画栩栩如生地展现在杰米眼前！杰米和那个人的两个镜片像着了魔一样，你上我也上，你下我也下，你左我不右……就这样你来我往持续了十几分钟。汤米见状，高喊"我也要试试！"

　　哇——我觉得如今的埃及人真是不可思议。他们其实跟几千年前的古埃及人没有多大关系，因为他们大多是公元七世纪以后征服了埃及的阿拉伯人的后裔，以科学先进和赚钱有方闻名于世。这会儿他们把聪明才智发挥到了极致！

约旦佩特拉古城

世界新七大奇迹之一

2007年，民间评选出世界新七大奇迹，它们分别是中国万里长城、约旦佩特拉古城、巴西里约热内卢基督像、秘鲁马丘比丘印加遗址、意大利古罗马斗兽场、墨西哥奇琴伊察玛雅城邦遗址、印度泰姬陵。2017年，杰米从北大历史系世界史专业毕业。我问他，毕业之后你最想做的事情是什么？猜猜他是怎么说的？

——"我要利用在大学学过的专业知识，带着中国朋友参观世界新七大奇迹！"

回想起来，杰米之所以有这个想法，恐怕还要追溯到2010年全家去约旦佩特拉古城的旅行。

千禧年到来的前夕，美国《国家地理旅行者》杂志向威廉约稿，请他写一篇介绍中国长城的短文，要在1999年10月的那期刊登。因为在新的世纪到来之际，人们所想到的往往不是下一年的计划，而是下一个世纪的安排。所以杂志社要出一个特刊——《人的一生一定要造访的50个地方》。这类杂志和书籍如今已是多如牛毛，但在20世纪末仍属凤毛麟角。威廉的文章刊登后，我们收到了两本免费杂志。威廉在自我欣赏他的佳作的同时，我也在琢磨自己还有哪些地方没去过。

进入佩特拉古城后看到的第
一座建筑，就是"金库"

这"50个一定要造访的地方"包括了世界文化遗产、世界自然遗产、世界著名城市和一些人文景观，中国长城当然不可或缺。里面还有一个我不熟悉的文化遗产——约旦佩特拉古城，为它写短文的是前约旦国王侯赛因的妻子努尔王后。

2010年暑假，我们全家开启了中东之旅，打算从约旦到以色列，再从西奈半岛进入埃及。在约旦期间，造访佩特拉古城是必须的。因为二米喜爱的系列电影《印第安纳琼斯之圣战奇兵》其中一部就是在那里拍摄的，而我也正在阅读努尔王后的新书《信仰之飞跃：一个不期而遇的生命记忆》。

佩特拉古城位于约旦南部沙漠，在一个距首都安曼约260公里、海拔1000米的高山峡谷中，它的建筑几乎全是在岩石上雕凿而成的。古城在公元前一世纪时极其繁荣，公元106年被罗马帝国军队攻陷，沦为罗马帝国的一个行省。3世纪起，因红海贸易兴起，代替了陆上商路，佩特拉开始衰落，7世纪被阿拉伯军队征服后就在地图上消失，直到1812年被瑞士旅行家发现而重见天日。

西克（Siq）是进入古城的唯一通道，它是一条1208米长的山涧峡谷，窄的地方仅有3米，宽的地方也不过16米。进入这条通道后见到的第一座建筑是"金库"（The Treasury）。经过"金库"再往里走，就进入了比较开阔的古城的中心。

环绕着古城四周的山岩崖壁遍布着陵墓和神庙。走在上千年的地砖上，周围可以看到拥有3000个座位的罗马式大剧院。佩特拉的最后一个景观，也是最壮丽的景观是一座修道院，到达那里必须经过一小时艰难的攀登。

汤米在观察佩特拉古城内修建于罗马人占领期间的储水系统（左图）
佩特拉古城内能容纳3000人的罗马式大剧院（右图）

佩特拉古城是一个被诸多山崖环绕的封闭环境

　　杰米被这种景观所震撼，他的相机几乎没有时间休息；汤米则是被佩特拉古城的接水槽、蓄水池和防洪堤坝系统所吸引。

　　20世纪90年代，佩特拉古城逐渐变成旅游热点。随着游人的增多，古城周边两年内就建起了五星和四星级酒店5座。约旦政府旅游部门的个别官员也大受鼓舞，计划在古城西克通道上铺水泥路，修有轨电车！

　　《信仰之飞跃——一个不期而遇的生命记忆》是已故国王侯赛因的第四任妻子努尔王后写的自传。她在书里详细描写了她和侯赛因国王相遇、相爱、结婚20年的浪漫又充满了担忧甚至恐惧的故事。婚后，她把原来的美国名字改成阿拉伯名字"努尔"，意思是光明。她要用自己的魅力，点亮约旦国。

　　在佩特拉最需要保护的时候，她把很大一部分时间和精力投入到这项工作之中，并于1966年成立了自然保护组织，亲自担任主席。为了提高人们对保护古城的认识和促进保护行动，在她的努力下，佩特拉古城被列入世界文化遗产基金会每两年评选一次的世界濒危文化遗产名录中，又

佩特拉古城里有宫
殿、剧院、寺庙、
陵墓等建筑

位于红海和死海之间的佩特拉古城是约旦南部沙漠中的神秘古城之一。古城藏身于一条长约1.5公里的新月形峡谷中，其历史可以追溯到史前时代，最初是由纳巴泰人的沙漠商队建立的，是阿拉伯、埃及、叙利亚腓尼基创建立的交通要塞。佩特拉城一半向外突出，一半嵌入岩石中，"佩特拉"即为『岩石』之意），周围群山环绕，山中道路蜿蜒，峡谷幽深，神殿、陵墓、剧场、民居等建筑遗迹依山凿建，且因岩石的色彩而闻名于世（佩特拉因其色彩而常常被称为『玫瑰红古城』）。

在1993年成为约旦国家公园。1999年侯赛因国王因病去世后，努尔王后也悄然离开了人们的视野。但是，受努尔王后的影响，新王后拉尼亚也成为一个文物和环境保护的宣传者和组织者，并在2007年佩特拉古城入选世界新七大奇迹中起到了很大的作用。

每次旅行我们全家都会举办"知识竞赛"，以巩固我们学到、见到和体

当地的贝多因人会用加糖的薄荷茶招待你

验到的东西。在互相提问、抢答的过程中，大人和孩子能碰撞出不少火花。这一次，把万里长城与佩特拉古城相比较，也让我们对长城有了新的认识。

这里小结一下：

相同之处：都登上了联合国教科文组织世界文化遗产名录；都被世界文化遗产基金会列在濒危世界文化遗产名录里；都被评为世界新七大奇迹。

不同之处：首先，从管理的难易程度来看。佩特拉古城虽然规模宏大，但它是包围在山涧之中的古城，而且，进入古城只有西克这一个出入口，它可以实现封闭式管理。然而，万里长城横跨了中国华北15个省市地区，只有在旅游景区能做到封闭式管理，其他部分都是露天博物馆。

其次，从自然破坏程度来看。2000年后的今天我们依然可以感受到佩特拉

古城建筑的精美。这里的建筑虽然是人工的，但都是石质的，自然风化的速度比较缓慢。至于长城，虽然玉门关附近的汉长城距今也有2000多年，但占主体的明长城只有五百多年；加上大部分长城是包砖和夯土建成的，自然损毁（地震、风化等）得也就比较快。

最后，从如何处理保护和利用之间的关系来看。佩特拉古城管理部门在管理古城时，把当地的贝都因人的得失都考虑进去了。比如允许他们在古城入口至售票处的这段路途（约1200米）中向游人租用坐骑（阿拉伯马是很有名的）；在西克通道里，允许三轮马车载人穿行；在古城中心的开阔地，游人可以骑骆驼游玩；在通往修道院的山路上允许毛驴驮送游客，等等。这样不仅方便了游客，也为当地人增加了收入。而长城长，形制多，其保护和利用要比佩特拉古城困难得多。

自从杰米2017年大学毕业至今，虽然还没有实现当初的愿望，但他在跟随爸爸了解长城的过程中，通过不断的积累，逐渐把自己变成了长城文化的传播和保护者。

佩特拉古城的最后一个景观——修道院

我始终觉得，认识世界和了解其他文化的最好办法和教材是旅行。当然，不是像某些旅游团那样10天走8个国家，而是每到一个地方有一些思考时间，有一个思考空间，能坐下来，把见到的、听到的、读到的和感受到的都记录下来。

2010年寒假，我们全家利用孩子们的假期去了一趟中东，而且是地理位置和历史变迁最为复杂的约旦，以及巴勒斯坦与以色列的争夺之地——耶路撒冷。

我翻开杰米曾经在学校展示过的"中东日记"，心里有说不出的欣慰——孩子渐渐长大了，开始有了自己看世界的视角。

在杰米的日记中，有几页是关于耶路撒冷的。一开始，他没有直接讲他要去哪儿，看到什么，而是以书信的格式（把信放在一个信封里，信封粘在日记本里），给耶路撒冷这个城市写了一封短信：

亲爱的耶路撒冷：

我和家人现在在约旦的马代巴，想来拜访您，请问您介意吗？我们已经决定要参观金顶清真寺、哭墙和基督教教堂。

致以良好的祝愿！

詹姆斯

一般没去过中东的人，也会在电视、报纸上经常看到或读到有关中东地区的战事。不是某某某遭枪杀，就是某某某进行自杀式爆炸袭击；不是这个国家和那个国家之间的边境冲突，就是这个地区和那个地区之间的所谓"圣战"等。反正从我记事以来，这类的报道就没有停止过。

像我们这样的游人被允许从约旦进入以色列的耶路撒冷还是近些年的事情，就连和平主义者、约旦的侯赛因国王（1999年1月因癌症病逝，享年63岁）健在时都没有去耶路撒冷的机会。

我们为什么要从马代巴市进入耶路撒冷？因为那里的一个教堂里的地面上，依然保存有公元6世纪耶路撒冷城的马赛克的古地图。我们就是想在感受今天的圣城之前，先看看这个1500年前的古老的耶路撒冷地图。

我们到达马代巴时，已经接近傍晚了。威廉决定带杰米出去走走，找一找存

站在耶路撒冷城墙上俯瞰老城

汤米和杰米在约旦马代巴一家马赛克艺术品店里学习制作技艺

杰米在约旦马代巴的一个教堂里仔细查看耶路撒冷城古地图，这张公元6世纪的马赛克古地图就藏匿在教堂的地毯下面

放这幅地图的教堂。因为街道狭小，天又渐渐黑了，他和杰米好像在一个迷宫里兜圈子。

当他们找到教堂时，天已彻底黑了。参观的人都陆续往外走，快要关门了。买了票后，就进去找地图，威廉不停地问"地图在哪"。杰米猜想地图可能在地上，但怎么看不见呢？刚好一个清洁工模样的人路过，疑惑地问："地图？你指的是马赛克地图吗？"他让威廉和杰米往边上站一站，然后慢慢卷起了他们刚才踩过的地毯，地毯下面那幅1500年前耶路撒冷马赛克地图一公分一公分地展现出来！他们都惊呆了……

乘坐大巴从马代巴到耶路撒冷只需要2个小时，但是安检花的时间比这个长两倍。约旦这边，检查完护照，问几个问题，把所有的行李都过一下X光，再把我们放在一辆专车上，送走了事。到了以色列边境检查站（其实是在以色列境内5公里），要路经一座石头桥，约旦这边的人称这座桥为侯赛因国王桥，以色列那边的牌子上则写的是Allenby Bridge。Allenby（中文译作阿伦比）是英国第一次世界大战期间的一位将军。在以色列检查站，行李由

专人送到一个地方检查，我们排着长队等待过关。女人有专用通道，鞋子是必须要脱掉的；男人连裤带都要解下来检查！检查护照的是清一色的女警官，都穿着防弹衣；维持秩序的都是20出头的小伙子，各个手持机关枪。我想一旦有事，被打成筛子的应该先是我们这些赤手空拳的游客了，真恐怖！在我们等着领取行李的时候，警察告知我们行李堆里有"异物"，命令我们就地待命。我们与其他游客不敢前进一步，都蹲在地上。

汤米的日记中这样写道："阿姨穿防弹衣，叔叔手握机关枪，真可怕，那些大人们为什么不能友好相处呢？"

耶路撒冷是三大宗教的圣地，犹太教、基督教和伊斯兰教都发源于这座古老的城市，所以，犹太教的哭墙、基督教的教堂（基督受难后躺过的石板，埋葬之处），以及在穆罕默德骑马升天的岩石上建造的金顶清真寺是必须要去的。杰米在致耶路撒冷的短信中问，"我和家人……想来拜访您，请问您介意吗？"一个孩子提出这样困惑不解的问题，使人倍感酸楚。宗教是什么？为了和平，还是为了

哭墙

又称西墙，是位于耶路撒冷旧城的一段古代石灰石壁，全长大约50米，约20米高，由600余块巨石所构成，原为希律王时期开始扩建的第二圣殿护墙的一段，也是第二圣殿仅存的遗址，是自公元70年以后被迫流离世界的犹太人的精神家园及心中的圣地，被视为犹太民族信仰和团结的象征。

千百年来，流落在世界各个角落的犹太人回到耶路撒冷时，便会来到这面石墙前低声哭泣祈祷，所以被称为「哭墙」，也称「叹息之壁」。犹太人相信它的上方就是上帝，所以无论是否为犹太人，凡是来这里的人都应头戴小帽，因为让脑袋直接对着上帝是不恭敬的。

犹太教的"哭墙"

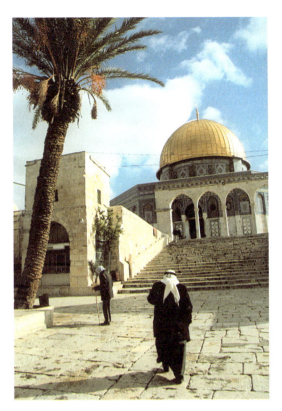
在穆罕默德骑马升天的岩石上建造的金顶清真寺

遗物，太悲惨了，太令人绝望了。

杰米在日记里这样写：

在1939～1945年的第二次世界大战期间，德国纳粹杀死了超过600万犹太人。具有"高贵血统"的希特勒，要铲除"低级血统"的犹太人。犹太人被赶进21个集中营，"有用的"犹太人，如裁缝、金匠、假币制造者被留在工厂里工作，"无用的"妇女儿童老人则统统用洗毒气浴的方法全部杀掉，真残酷呀！

我看过《逃离索比坡》《大逃亡》等描写这个时期的电影，一点也不夸张地说，这些电影都是这一悲剧的真实再现。纪念馆里的毒气浴死难者的鞋袜、金银首饰，德国法西斯使用过的毒气装置……都让人觉得人类彼此间的相互残杀丝毫不亚于动物。在世界范围内通往和平的路到底还有多长？

二米回到学校后，将他们的日记本交给老师看，杰米当时就读的北京市第55中学和汤米上的芳草地小学校的老师都认为"旅行+日记"是素质教育的好方法。杰米还因此得到了在全校发表主题演讲的机会。

"圣战"？上帝有几个？是你的还是我的？有关系吗？古埃及人们信奉了700多个神，不也有着优秀的文明吗……诸如此类的问题，既让孩子们困惑，同时又给了他们思考的机会。

除了"圣战"，现代的种族歧视的悲剧也不能忘记。我们参观Yad Vashem（犹太人大屠杀纪念馆）时，就没敢带10岁的汤米去。因为大屠杀的图片和死难者的

希腊
帕特摩斯岛上的东正教修道院

美国传教士威廉·盖洛
的肖像

　　希腊有9835个大小不一的岛屿和礁石,有人居住的220个。帕特摩斯岛位于爱琴海南端,属于佐泽卡尼索斯群岛(一共12个岛屿,又称十二群岛)最北头的一个,形状近似一只海马,面积34平方公里,常居人口约3000人。就风光景色而言,她并非希腊各岛屿中最美的,但由于圣约翰修道院和天启岩洞的存在,使她成为希腊东正教会的圣地之一。

　　我和威廉都是无神论者,之所以选择带孩子们去帕特摩斯岛旅行,要归功于与我先生同名不同姓的"老朋友"——美国人威廉·盖洛(1865～1925)的"指点"。威廉·盖洛在1908年探险过中国长城,我们是通过他镜头里的长城来了解他的。

　　威廉·盖洛是个神职人员,也是旅行家。在中国的土地上,他除了造访长城全线,还逆长江而上,先后造访过中国的

圣约翰修道院内部
走廊的装饰壁画

18个省府。然而，威廉·盖洛的第一本书是1896年出版的《这是帕特摩斯岛》——他曾在1894年专程来帕特摩斯岛朝拜。

2013年，我们一家从北京到希腊首都雅典，乘飞机8个小时，再从雅典乘轮渡"蓝色之星"到帕特摩斯岛，也需要8小时。遥想120年前老威廉时代，从美国乘轮船先到雅典，再坐帆船来到帕特摩斯岛，恐怕得耗费两三个月的时间！

帕特摩斯岛因东正教的圣约翰修道院而闻名天下。圣徒约翰在公元95年受到罗马帝国的迫害，被流放至此。圣经新约的最后一篇《启示录》就是他在这里著成的。当时圣人著书立说的岩洞，如今已经成为一座雪白的建筑——天启修道院。圣约翰修道院在它所处岩洞的山顶上。1088年，东正教修士克里斯托多劳经拜占庭皇帝亲笔御批，主持修建了圣约翰修道院。圣约翰修道院和天启修道院都在1999年被联合国教科文组织列入世界文化遗产名录。

威廉·盖洛的《这是帕特摩斯岛》一书里共收录了22张照片，其中4张与圣约翰修道院和天启修道院有关。最著名的一张

应圣约翰修道院院长的邀请，与修士们共进周六午餐

是从卡拉斯港口向霍拉城方向拍摄的。圣约翰修道院位于制高点上，它的左边有4座风车，右下角的白色建筑就是天启修道院。

当我按图索骥，找到老照片的位置重新拍摄时，发现4座风车只剩下3座。圣约翰修道院雄风依然不减当年（这是男修道院）。堡垒式的建筑据说是为了防止海盗的侵犯，还曾经在入口处架有一个油锅，随时等待"油炸"不速之客。新老照片对比可以发现，周围山坡上的白色建筑数量增加了，我已经不能再站在老威廉当年的位置拍摄一模一样角度的照片了。还有一个变化属于100多年里现代化的进程带来的

新的事物：船只已经是"鸟枪换炮"，木制帆船已经被钢铁巨轮和游艇所取代。这张老照片后来被做成了明信片，在岛上的礼品店里均有出售，售价3欧元一张。不过上边未署摄影者的姓名，日期则是《这是帕特摩斯岛》一书出版的12年之后的1907年。

还有一张是从风车处拍摄的修道院的近景。我曾分别站在3个风车的位置上，但都拍不出老威廉的照片的角度，后来才突然发现那个毁坏了的风车的位置，才是当年老威廉拍摄时站过的地方。白色的民居和修道院的褐色石头"堡垒"对比强烈，彰显出宗教建筑的尊严与民居的和谐。

剩余两张，一是从修道院向下朝着"岩洞"的方向拍摄的；另一张是从"岩洞"下面的毛驴运货的老路向上拍摄的。现在周边长出了不少松树和柽柳，由于树对视线的遮挡，站在原位置已经无法拍照了。

对一些人来说，宗教是生活的全部，对另一些人来说是生活的一部分，对我而言只是一种文化。刚来到帕特摩斯岛的第二天，我们就去参观圣约翰修道院。路边一个徒步指示牌上说，去修道院45分钟。可我们却花了一倍多的时间，沿途不时回过身子拍摄随着"登高"可以"远望"的景色，加上一路上大大小小的教堂（在修道院周围不到5平方公里的土地上就建有40座教堂）、典型的希腊平顶民宅等，高高低低、白墙蓝窗，都一一定格在我的相机里。

威廉·盖洛有一张老照片，上有两座教堂，图片说明是："这是364座教堂中并排而立的两座。"不知是当年老威廉少数了一个，还是在119年间只增加了一座，帕特摩斯岛旅游指南中记录的教堂数是365座。我算了一下，平均每8个人一座教堂。

《这是帕特摩斯岛》中的老照片（上两图）与现在（下两图）对比

位于巴尔干半岛南端的希腊三面环海：东面是爱琴海，西面是爱奥尼亚海，南隔地中海与非洲大陆相望。这个国家所拥有的岛屿之众多，在所有欧洲国家中都是独一无二的——希腊全国共有超过6000个群岛和小岛屿，其中最大的岛屿面积超过3000平方公里，而最小的只有一张床的大小，有人居住的岛屿200多个。这6000多个岛屿大部分位于爱琴海，使得爱琴海成为世界上岛屿最多的海，因此又有『多岛海』之称。

这些希腊岛屿自然风光独具：蜿蜒的海滩，绮丽的海湾峡谷，绵延的沙滩，陡峭的洞穴……除此之外，作为欧洲最古老最繁荣文明的摇篮，这些拥有杰出的建筑遗产和迷人的文化传统的岛屿，还是独一无二的考古胜地。

我和威廉与圣约翰修道院修士合影

杰米与圣约翰修道院院长合影

修道院是修士和修女生活祈祷的地方。圣约翰修道院是男修道院，一共有16位修士。修道院里有5座教堂。我们来到修道院"堡垒"时，大门是敞开着的，可里面的博物馆却是铁将军把门。好不容易等来了一个黑袍黑帽、雪白胡须的修士，由于相互语言不通，哪怕我们"手脚并用"，也还是无济于事。这时我突然想起了老威廉的老照片，马上拿出了两张有修士的，并在纸上写：1894。这下他明白了，于是使劲摇头，双手伸向天空——他大概以为我们要找这些百年之前的"兄弟"，而他们当然已经升天了。好在正巧有一位会说英语的"实习修士"路过，他没穿黑袍，只戴了一顶普通的针织"西瓜帽"。不知是为了显示他的英文水平，还是履行"实习"阶段的职责和义务，他顺便给我们大大地普及了一通他的世界末日观点后，才把我们介绍给了修道院院长。就这样，我们用两张威廉·盖洛老照片的复印件，换来了周六与院长和其他修士们共进午餐的机会。

修士们的生活很简朴，要放弃不必要的物质享受，所以修士们的聚餐场所也是教堂生活的延续。餐厅里庄严神圣，抬头看，

二米在帕特摩斯岛上的民宿里写日记

穹顶上布满了12世纪晚期到13世纪初叶的绘画；回头看，墙壁四周也挂满了这一时期表现主和他的门徒的油画。两张大理石条桌上镌刻的花纹，在吊灯下清晰可见。因为这是男修道院，女人不允许与修士同桌用餐，因此我被安排在一间低矮的储物间里，与另一位50多岁的女士一起享用午餐。她告诉我，她之所以可以每天来这里吃午饭，是因为在她过世之后，她的所有财产都会捐给修道院。

修士们平日自制面包，吃清水煮白菜。可是那个周六我们享用的有炸薯条、炸鱼块、西兰花和菜花；水果有橘子、香蕉，还有桂皮味道浓郁的小点心。听威廉出来说，他们还喝了红酒！在用餐前，院长要带领着修士们祈祷，感谢上帝恩赐食物。

二米吃过午饭后兴奋地向我"汇报"：修士的餐厅同哈利·波特电影里魔法学院的大餐厅一模一样！我想，当年威廉·盖洛也没有他们爷仁那样的眼福和口福吧。

俄罗斯

战争与和平

2016年和2017年的两个寒假，我、威廉和汤米两度造访俄罗斯莫斯科和圣彼得堡两座城市。

你或许会问，为什么总是选择寒冬腊月去俄罗斯？说实在的，我们并不完全喜欢那里的冰天雪地，只是不愿意在春暖花开的季节排长队购门票，不愿意与世界各地的游人在同一时间、同一地点争抢这一点旅游资源而已。

圣彼得堡给我们留下的印象极好，甚至超过了莫斯科。这个俄罗斯第二大城市，曾经是二百年的国都，有着不容错过的景点——国立埃尔米塔日博物馆（冬宫）。它与伦敦的大英博物馆、巴黎的卢浮宫、纽约的大都会艺术博物馆齐名，被誉为世界四大博物馆。1764年，叶卡捷琳娜二世从柏林购进伦勃朗、鲁本斯等画家的250幅绘画存放在冬宫新建的侧翼"埃尔米塔日"，该馆因而得名。

我们两次来圣彼得堡都住在离国立埃尔米塔日博物馆（冬宫）仅200多米远的民宿里，使得多次进出宫成为可能。

国立埃尔米塔日博物馆有300间展厅，300万件展品，其中包括建筑本身和里面的装饰，以及绘画、雕塑等各式藏品。

有人计算过，如果每天用8小时，在每件展品前驻足1分钟，想要把这些展品全部看个遍，就需要走24公里，花上11年时间。尽管我们进宫多次，但能花时间仔细参观的展厅也是屈指可数。在这里我只想介绍其中一个展厅——"战争长廊"。

当你步入197号厅——"战争长廊"时，心神会为之一振。这是为纪念参与1812年战胜拿破仑一役的诸位将领而建立的肖像长廊。正面是俄国沙皇亚历山大一世（1801～1825年在位）的巨幅骑马画像，两侧则是300多幅在这场卫国战争中立下战功的军事将领和1813～1814年出国远征的参战者的肖像。红色的背景，金色的相框，英姿勃发的将领们——其视觉冲击力可想而知。肖像绘制是一项艰难的工作，它持续了十余年——将军们来到冬宫旁边的工作室，面对着艺术家摆出各种姿势，因各种原因无法完成肖像的，则用写有他们名字的画框替代。

当我在每张肖像前驻足，仔细观看每一个面孔时，我揣摩着他们在战场上的所思所想、所作所为，情不自禁地回想起1990年与威廉一起在英国伦敦的皇家阿尔伯特音乐厅（Royal Albert Hall）欣赏的柴可夫斯基《1812序曲》。眼前的这种视觉效果与这部管弦乐作品结尾那轰隆隆的炮火声和谐地交织在了一起。

然而，俄罗斯民族在历史上并不总能战胜他人，也常受他人欺辱，甚至遭受过难以想象的磨难。在圣彼得堡的鲁缅采夫博物馆里，就集中展示了"列宁格勒保卫战"（西方人称之"圣彼得堡封锁"。1924年为纪念列宁而将圣彼得堡更名为列宁格勒，1991年恢复原名）期间，这里的军民殊死拼搏、忍饥挨饿的经历。从1941年9月9日开始至1944年1月27日全面结束的900多天里，战死疆场的士兵和饿死在家里的平民百姓总人数多达400万人。

在这个"列宁格勒保卫战"展览中，最让汤米感动的是圣彼得堡一个极其普通的小女孩儿谭雅·塞维契娃的故事和她的日记。

谭雅·塞维契娃的爸爸是面包师，妈妈是个裁缝。爸爸去世早，妈妈要照顾5个孩子，谭雅有两个姐姐和两个哥哥，她排行最小。1941年列宁格勒保卫战开始的时候，谭雅刚刚11岁。她和家人一起帮助苏军挖战壕、清除炸

当地人装扮成叶卡捷琳娜大帝与我翩翩起舞

汤米优雅知性地观看芭蕾舞和欣赏歌剧

国立埃尔米塔日博物馆

国立埃尔米塔日博物馆和广场上的亚历山大纪念柱

国立埃尔米塔日博物馆（冬宫）

冬宫初建于1754～1762年，坐落在涅瓦河畔的圣彼得堡宫殿广场上，原为俄罗斯帝国沙皇的皇宫，十月革命后成为俄罗斯国家博物馆埃尔米塔日博物馆的"六宫殿建筑群"中的一个宫殿。该馆是世界上最大最古老的博物馆之一，拥有藏品300余万件，目前共开放五座建筑物：冬宫、小埃尔米塔日、旧埃尔米塔日、埃尔米塔日剧院、新埃尔米塔日。馆内所有展厅各具特色。

冬宫是18世纪中叶俄罗斯新古典主义建筑艺术最伟大的纪念物，规模宏大、造型优美，其完整性与华丽程度令世人印象深刻。它面向冬宫广场的一面，中央稍为突出，有3道拱形铁门，入口处有阿特拉斯巨神群像。宫殿四周有两排柱廊，气势雄伟。宫内装饰华丽，许多大厅以各色大理石、孔雀石、石青石、斑石、碧玉镶嵌；以包金、镀铜装潢；以各种质地的雕塑、壁画、绣帷装饰。

弹。谭雅的妈妈每天要行走七公里去制作炮弹的军工厂上班，之后还要为战场的战士献血。她自己常写日记，记录每天的生活情况。冬天到了，家里缺少煤炭柴火，她把她心爱的日记本烧了取暖。1941年12月28日谭雅的姐姐珍雅因劳累、营养不良死了，于是谭雅得到姐姐的日记本。从此之后，她开始用这本日记本继续记录家里发生的事情。

在人生的路上只走过12年光阴的谭雅，没有生的快乐，只有死亡的陪伴：

二姐珍雅死于1941年12月28日中午12：00；奶奶在1942年1月25日下午3：00去世；哥哥雷卡在1942年3月17日早上5：00死亡；叔叔瓦斯亚1942年4月13日凌晨2：00去世；大伯莱沙1942年5月10日下午4：00死了，两天之后，谭雅的妈妈也离开人间。

1942年8月，她和其他孤儿一起被送往一个叫Shatki的乡下。但谭雅最终没有逃过死亡的命运，她没有熬到一年半后列宁格勒保卫战胜利的时刻。

第二天，我们和汤米又去了

197号厅的"战争长廊"（左图）
为纪念1812年战胜拿破仑而建立的
参战将领的肖像长廊（右图）

位于圣彼得堡东北郊，被称为全世界最大公墓的皮斯卡廖夫烈士陵园，因为在这里埋葬着包括谭雅在内的50多万名在列宁格勒保卫战中牺牲的军民。不少被埋在这里的人甚至连姓名都不得而知，家属只能根据墓碑前的年份时间进行凭吊。我们看到有些墓前摆放着鲜花，有的墓前却留下黑面包——他们的后人希望这些故去的人们在另一个世界不再挨饿。

2019年是列宁格勒保卫战胜利（圣彼得堡封锁结束）75周年，包括俄罗斯总统普京在内的近5万人参加了在皮斯卡廖夫公墓的献花仪式。

俄罗斯人虽然饱经战争时期的创伤，但也从不放弃和平时期的享乐。在圣彼得堡，我们白天感受着战争的残酷，晚间却享受和平的美好，和当地居民一起盛装前往马林斯基剧院欣赏芭蕾舞《天鹅湖》。

芭蕾舞起源于15世纪充满着人文气息的意大利，成型并兴盛于16至19世纪上半叶的法兰西。足尖舞的出现使浪漫主义的芭蕾更加的轻盈、飘逸、超凡脱俗，

人们在皮斯卡廖夫公墓里的许多墓碑上都放有面包片，希望故去的亲人在另一个世界不再挨饿

形成了高雅诗意的风格，是宫廷贵族特别欣赏的艺术形式。彼得大帝时期，俄罗斯实行全面西化，特别是对法兰西的文化情有独钟。加上由柴可夫斯基创作于19世纪下半叶的《天鹅湖》成为芭蕾舞曲中不朽的经典，使得俄罗斯在世界公认的7个一流古典芭蕾舞团中，占据了两个。圣彼得堡马林斯基剧院芭蕾舞团就是其中之一。

16岁的汤米对俄罗斯歌剧和芭蕾舞剧特别上瘾。所有来观看演出的人都是衣冠楚楚，他也让爸爸给他买了一件意大利师傅设计制作的有古典纹理的衬衣。剧目开始之前和中场休息都有点心和酒水供应，他尝试着以果汁代替酒水，顺便找一下当贵族的感觉。《像贵族一样欣赏歌舞》是他回到北京后写的一篇公众号文章，里面这样写道：

歌剧和芭蕾是当年贵族文化生活的重要部分。如今，我们普通人也可以欣赏到这些优秀的剧目，甚至在高档酒店的餐厅里还可以边品尝美食边欣赏表演。

当年爸爸和妈妈在北京约会的时候，去西单北京音乐厅看由澳大利亚芭蕾舞团表演的《天鹅湖》。那时观众们素质不够高雅，有的吃西瓜，有的嗑瓜子，更别说穿戴得体了。爸爸妈妈也把橙汁带进剧院喝。最后，橙汁还撒了爸爸一裤子！我觉得，我们虽然不是什么贵族，但也应该有点贵族气质，举止高雅一些。

在俄罗斯的旅行中，如果你了解了俄罗斯人在战争与和平道路上的经历，你才能理解这个民族的"战斗"个性，那么这趟旅行也就没有白去。

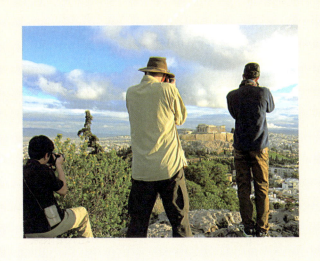

第二章

旅行途中，长见识学本领

摩洛哥马拉喀什古城

杰米的摄影之旅

2019年金秋，一个周日的清晨，杰米带着一个叫凯文的9岁中国小男孩去北京香山，教他拍摄红叶。杰米在凯文那么大的时候，就得到了爸爸买给他的第一台专业相机。2003年之后，我们全家利用寒暑假周游世界，又为他打开了更广阔的视角，平添了更斑斓的色彩和更丰富的内容，从而提高了他的摄影水平。

在诸多旅行目的地中，能让杰米称得上是摄影之旅的地方，首屈一指的恐怕得数位于北非的摩洛哥马拉喀什古城。为什么这样说？

首先，杰米觉得这里拍摄的对象很有特色：

1. 色彩

马拉喀什古城建立于公元1071~1072年，曾经是帝国首都，现为省区首府。"马拉喀什"（Marrakech）在阿拉伯语里的意思是红颜色。的确，从卡萨布兰卡乘火车进入马拉喀什，

马拉喀什古城的库图比亚清真寺

给我的第一印象就是满眼的红色迎面扑来。

城墙是红色的。这道城墙高大雄伟，长10余公里，外围长满了棕榈树。它是1985年入选联合国教科文组织世界文化遗产名录的马拉喀什古城的守护者。进出老城的诸多城门中，雕刻着古兰经文的阿格诺门（Bab Agnaou）是最精美大气的一座。据说这扇门是昔日苏丹前往王宫所使用的城门，现在这里仍然是连接新老城的重要通道。

清真寺是红色的。马拉喀什保留着众多的名胜古迹，最吸引杰米的首推库图比亚清真寺。它建于1195年，宣礼塔高77米，也是用红褐色的土制成的砖坯垒砌而成的，据说当时在建设宣礼塔时，建筑材料里搅拌进了香料，到如今还在散发着阵阵幽香。

民居和街道也是红色的。它狭窄、弯曲，如同迷宫；它喧嚣、热闹，就像赶集；它不仅是人间居所的通道，也是猫咪的天堂。但这些绝对不是夕阳西斜的阳光色，它的色彩来自当地的建筑材料。

2.住宅

古城里的民居Riad，翻译成中

马拉喀什古城雕刻着古兰经经文的阿格诺门

文，叫"丽雅德"，是阿拉伯式的"四合院"。它有3层高，对外没有窗户，所有门窗都冲着里面开，有着很好的安全和私密性。据说其设计灵感源于穆斯林妇女的头巾——包裹起来，除了眼睛外，身体的其他部位不被人看见。大户人家的"丽雅德"中间会有个喷泉，四角各种一棵柠檬树。

我们就住在古城内一间传统的"丽雅德"里。管家是个40岁上下的伙计，一句中国话不会说，但他不知从哪儿搞到那么多中国歌曲。外

面车辆川流不息，叫卖声此起彼伏，但在安静得好像与世隔绝的"丽雅德"里，却不停地回荡着《茉莉花》《红梅赞》和《我的中国心》。

如今，随着摩洛哥旅游业的发展，当地人已经充分感受到保护古城传统建筑带给他们的好处。古城里东倒西歪的"丽雅德"被一座一座地修缮并保护了起来。在我们居住的丽雅德里，还开辟了一小块墙面，专门展示这座"四合院"修缮前后和修缮过程的图片。通过它们，我们才知道它的现任主人并不是北非的摩洛哥人，而是远在北欧的瑞士人。

3. 服饰

在马拉喀什的街道上，当地年轻人和其他地方来的游客在穿戴上都是差不多的，但是你还可以随处看到穿着带帽子的传统长袍——Djellaba（发音类似"急来吧"）的中老年男人。他们不是低着脑袋匆匆赶路，就是大声吆喝招揽生意。中老年妇女也会穿这样的长袍，但是颜色鲜亮些，有的还用黑纱遮面，看起来很是神秘。

我们在来摩洛哥之前，有点想当然，觉得摩洛哥是非洲国家，一定很热，但到了马拉喀什才感觉不一样。我们的衣服显然没有带够，早晚总是感觉阴冷，只有白天在阳光下才感受到一丝温暖。于是，我们全家急不可耐地找到制作这种"急来吧"长袍的裁缝，每

古城里狭窄的街道（左图）及骑单车的当地人（右图）

人买了一件。这种传统服装是纯羊毛的，不仅上下保暖，还在杰米拍照时起到了意想不到的作用（见后文）。

其次，杰米对拍摄方式有了新实践：

1. 人物"偷拍"

杰米觉得拍摄风景和建筑，只要不是"禁区"，都不成问题，但是人物的拍摄就比较麻烦。特别在阿拉伯人居住区，它涉及尊重本地文化习俗等问题，比如人们在宰杀牲畜、祈祷等时刻，就不愿被打搅。

阿拉伯人很善于经商，而马拉喀什的阿拉伯人更是变现的高手，往往把游客给他们拍照也当成赚钱的机会。当你举起相机对准他们时，一旦被发现，他们会立马伸手要钱！杰米说，千里迢迢从中国来，如果太有"礼貌"，就甭想有收获。不得已，他学会了一种神不知鬼不觉的拍摄方法——"偷拍"。那就是不把相机拿到眼前，而是挂在脖子上，将右手握住相机，大拇指把握快门。拍摄时，有时头转向别处，有时假装看旅行指南。这种拍照至少有三点好处：一是不会被发现，少花一些冤枉钱；二是可以捕捉到人们最自然的样子；三是相机挂在腰间，拍出的视角奇特，似乎一个身高只有1.2米的小孩，仰头看着大人。

后来，杰米穿上一件和当地人一样的"急来吧"之后，乍一看，与当地人就没什么两样了，后来还发现他甚至被当成了"自己人"，于是"偷拍"也就成了多余。

2. 景物"穿越"

在马拉喀什逛街时，我看到不少用百年前马拉喀什老照片制作的明信片在售卖。这些明信片不仅可以用来拍"对比"照，如果位置和场景合适，还可以进行"穿越"摄影。

对比照，就是携带老照片，按图索骥，找到老照片的拍摄地点和机位，用同样的角度重新拍摄。新老图片对比，可以比较出拍摄对象发生了哪些变化。威廉在2003～2008年期间，就曾重新拍摄过长城的100多个地点。

另一种利用老照片的拍摄方式就是"穿越"。穿越照的特点，就是可以发现拍摄对象哪些地方没有发生变化。《故宫》杂志社的一个朋友曾拍摄过一组令人非常震撼的故宫穿越照片。他把近百年前末代皇帝和皇妃在故宫庭院中的"摆拍"照片，放在现代故宫景区的"大环境"里；故去的人和现在的人同时出现在一张照片上，恍惚间仿佛时光穿越到了过去。

在马拉喀什若干张老照片明信片中，杰米找出一张合适拍穿越照的，那张显示的是1906年的杰马·埃尔·法纳广场（Jemaa-El-Fna）的景象。100多年过去了，人们在广场上的活动方式和活

马拉喀什

约建立于公元1062年、有『南方明珠』之美称的马拉喀什位于摩洛哥南部，坐落在贯穿摩洛哥的阿特拉斯山脉脚下，历史上是穿越撒哈拉沙漠的商队贸易路线的起点，也是西北非保存最良好的历史古城之一。

如同很多北非城市那样，马拉喀什分为老城和新城。其中老城为世界文化遗产，是世界上最大的土城，长约10公里的城墙迄今基本保存完好，城内建筑物外墙的颜色都呈现赭红色，放眼望去，满目皆红。在阿拉伯语里，『马拉喀什』即意为『红颜色的』，其原因正在于当年的城墙均采用赭红色岩石砌成。

中世纪时马拉喀什曾两度为摩洛哥王朝的首都，因此这里自古就是伊斯兰文化和学术的中心地。城区中心的杰马·埃尔·法纳广场过去曾是公开处决叛逆者的地方，如今却是艺人云集的广场，成为各式各样江湖卖艺者的活舞台。

杰马·埃尔·法纳广场上的活动内容千年不变（上图）
杰马·埃尔·法纳广场穿越照（下图）

杰米在"偷拍"

动内容，以及周边的建筑物几乎没有多大变化。

为了拍好这张"穿越"照，杰米多次来到广场踩点。他意识到最好的天气是阴天，最佳时间段是上午，而最优拍摄地点就是在广场南边角落的一个咖啡店的楼顶上。

正式拍照那天，我们全家一起出动，每人来一杯咖啡或者薄荷茶，坐下来静静观赏广场上人们的一举一动：有说书、卖唱、舞蹈、杂技、滑稽戏，以及矮人等艺人的演出；有吞火、吞玻璃的魔术师的即兴表演；有耍蛇的驯兽者；有占星、卜卦、布道的；有牙医、出售草药的和给人文身的……"咔嚓"——随着杰米相机快门的按动声，广场上的这些景象和100年前照片上的一切同时被定格在杰米的相机里。

马拉喀什的杰马·埃尔·法纳广场在2001年第一批被列入《世界非物质文化遗产名录》。因为它不仅在100年里没有发生变化——就像杰米的穿越照中所展示的那样——其实，就算在1000年后，它恐怕也是这般模样。

这是在苏格兰本·尼维斯峰山脚下的户外店买的奖牌，奖牌上写着：挑战三峰

2017年八一建军节这天凌晨3点31分，英国威尔士斯诺登山脚下的瓢泼大雨中，我为二米兄弟每人颁发了一枚奖牌，因为他俩刚刚用18小时31分钟挑战了英伦三岛的三座高峰。这三座高峰分别是：苏格兰的本·尼维斯峰（Ben Nevis，1344米）、英格兰的斯科费尔·派克峰（Scafell Pike，978米）和威尔士的斯诺登峰（Snowdon，1085米）。

大约从20世纪90年代起，随着汽车性能的提高和高速公路的增多，本来就热衷于户外运动的英国人又玩出了新花样：在24小时之内，看谁能登上英伦三岛的三座最高峰。这里包括登山所需要的时间和开车从一座峰到另一座峰时间的总和。

需要说明的是，这项运动并不是一项竞技比赛，也没有哪一个机构来组织。它是一项英国人自发的、挑战自我的体育运动。2014年，二米的堂哥鲍勃与他的两个朋友用23小时完成了这项挑战，二米的心由此也痒痒了起来。

我在为二米准备三明治（左图）
英格兰斯科费尔·派克峰，二米正在往山下奔跑（右上图）
2005年，杰米在徒步途中（右下图）

2017年元月，杰米和慧婷领了结婚证，暑假我们全家五口回到英国，一是想把慧婷介绍给英伦三岛的亲朋好友，另外就是完成二米的夙愿——挑战三峰。

这项运动的整个过程仅靠运动员自己是无法完成的，它必须依靠团队的合作。

威廉是路线设计师兼司机。挑战三峰的顺序可以从南到北（威尔士—英格兰—苏格兰），也可以由北向南（苏格兰—英格兰—威尔士），威廉选择了后者。威廉选择的不是距离最短的路线，而是用时最少、汽车离登山小道最近的路线。另外，安全永远是第一位的。因此，为保证安全行驶，威廉尽量减少了夜间开车和疲劳驾驶。

我和慧婷的工作是后勤保障，具体讲就是提供食物和衣物。那年盛夏天气多变，风大雨多。我俩为二米准备了罐头汤和三明治，在他俩下山前用户外汽炉把汤加热装进保温杯，以确保兄弟俩在吃冷冰冰的三明治的同时，还能喝上热乎乎的汤。除此之外，我们还为二米各自准备了3套干爽衣物，以便他们下山之后可以马上擦干换上。

我们一家对英格兰和威尔士的山并不陌生。英格兰斯科费尔·派克峰登上过一次，威尔士斯诺登峰登过三次，但苏格兰本·尼维斯峰则还没有机会光顾。

第一座山峰——苏格兰本·尼维斯峰。早上9点，全家人驱车来到山脚下的停车场。二米做好拉伸准备动作、拍了一张合影之后就出发了。威廉抓紧这段时间闭目养神，我和慧婷则忙着准备午餐。两个小时之后，二米就返回停车场了。据他们说，上山路线清晰，他们精力充沛，只是登顶时遇到大雾，能见度只有5米，但由于事先仔细研究了旅行指南里面的提示，加上堂哥鲍勃的经验，使得一切顺利。

第二座山峰——英格兰斯科费尔·派克峰。这座山峰的上山路线有两条，其中一条我们之前曾经走过，但距离停车场较远，所以我们选择了另一条路。为了搞清这条路的停车位置和登山起点，威廉专门提前花一天时间去探过路。二米开始登山时，天已经下起了毛毛雨。英伦三岛多雨，遇到这样的天气不足为奇。3个小时之后，二米返回停车场，浑身上下湿漉漉的。为争取时间，他们仅换上干爽的衣服，还来不及吃口东西，车就发动奔下一个目标去了。这时已经是下午六点多，天渐渐地暗了下来。

第三座山峰——威尔士斯诺登峰。车到了山脚下，已接近午夜时分。雨还在不停地下，已经由淅淅沥沥的小雨转成哗啦啦的倾盆大雨了。风雨交加，车门一开雨水便扑面而来，还没开跑，二米身上干爽的衣服便已经打湿了。这座山比较平缓，难度不大，路况也比较熟悉，过去全家人登过三次。但这次不同以往，是在伸手不见五指、大雨如注的夜晚登山，困难的程度可想而知。威廉大概是有些担心，一会儿看看表，一会儿又看看窗外，顾不上休息。我和慧婷也没闲着，在停车场的卫生间里支起了户外炉灶，为冒雨登山的二米煮热汤。4个小时之后，远处出现了手电筒的灯光，登山归来的二米出现在我们面前——此刻他们已经成了"落汤鸡"。据杰米说，要不是中途迷路，他们的登山纪录还会提前半小时。

这次二米成功挑战英伦三峰，除了和常年锻炼身体有关，还有一个重要原因，就是从小在他们内心深处已经种下了登山的火种。这里不能不提到2005年的一次瑞士旅行。

那一年，杰米11岁，汤米不到5岁。我们一家四口来瑞士朝圣阿尔卑斯山脉的玛特洪峰。玛特洪峰海拔4478米，虽然不是阿尔卑斯山脉最高的山峰（排第一的是勃朗峰，4810米），但绝对雄气十足，英俊挺拔。它的峰尖呈金字塔形状。正是由于这样的特点，攀爬起来异常困难，相比其他山峰，人类的"征服"也来得较晚。阿尔卑斯第一高峰勃朗峰顶第一次留下人类足迹，是1784年，而玛特洪峰则直到1865年才被人类征服，整整晚了81年。

玛特洪峰的周边国家是瑞士、意大利和法国，然而第一次登顶的却是一个名叫爱德华（Edward Whymper）的英国人组成的7人团队。这次玛特洪峰处女登，登山队在下山时一人滑坠，绳索相连的其他队员联同下坠，结果绳索断裂，4人坠谷，丧失了性命。

美丽峻峭又充满凶险的玛特洪峰和征服这座山峰的先辈们的故事，很是让杰米着迷。他专门到当地博物馆去瞻仰罹难者的墓碑，去展厅参观他们的随身遗物，包括那根已经断成两截的绳索。

我们全家登上缆车到达3883米高的玛特洪冰川观景处——站在这里可以在蓝天白云下领略一种山涧中飞翔的动感，从一个相对较近的高度观赏那座擎天高峰。下山时可以有两种选择：一是乘坐缆车，一是徒步18公里山路。当时小小的杰米毅然选择了和爸爸一起徒步。

关于那次徒步，杰米后来在日记本里这样写道：

我们背着背包，里面装满了有用的东西：果脯、吞拿鱼三明治和瑞士水果军刀……第一段路程是沿着比较平缓的河边，然后顺着延伸的小路进入大森林。我一边走，一边对照着我的《Enchanting Alpine Flowers（迷人的阿尔卑斯山花）》一书，辨别所采到山花的名称。越走越高，树木越来越稀疏矮小。最后，我们终于走出了树林，来到林木线（Tree Line）。由于一路向上，口干舌燥，我们喝光了水瓶里所有的水。正在发愁时，无意中发现了清凉而甘甜的山泉水！我们灌饱肚子之后，又兴高采烈地装满所有的水瓶，继续攀登……

在这次旅途中，杰米和汤米最爱吃的就是瑞士巧克力，最喜欢的牌子是Lindt，这不但是因为它口感丝滑、味道极佳，还因为包装纸上印着雄伟的玛

玛特洪峰

　　位于瑞士与意大利边境交界处的玛特洪峰，是阿尔卑斯山脉中造型最独特的山峰之一。它海拔4478米，以一柱擎天之姿昂霄耸壑，遗世独立，如一座宏伟的金字塔直插云霄，视觉震撼无与伦比。山峰得名于德语Matt（即山谷、草地之意）和horn（指山峰呈锥状，如一只角），故玛特洪峰呈四面锥体，巨大的岩壁分别指向东南西北；每一个面都非常陡峭，因此只有少量的冰雪覆盖其上。

2005年，二米在民宿的房间里向玛特洪峰张望

完成三峰挑战后的二米

特洪峰！总之，这趟旅行在他们幼小的心灵里留下了深深的印记。后来，我惊讶地听杰米说，下次如果再去玛特洪峰，他绝不再当旁观者，而是要亲自登上那座山峰！

我们一家至今还没有机会重返瑞士玛特洪，但至少这次，杰米在大不列颠践行了他挑战山峰的多年宏愿。

二米此次登英伦三峰的战果如下：总耗时18小时31分钟，其中登山8小时31分钟；开车从苏格兰到英格兰425公里，用时6小时；从英格兰到威尔士330公里，用时4小时。也就是说，在途总用时10小时。

英伦三峰挑战结束后，我向二米提出了两个问题：

1. 跑完之后最想做的事是什么？

回答：想吃油炸鱼和薯条！

2. 你们为什么这么喜欢登山？

回答：因为山在那里。

帕那辛纳克体育场

感受马拉松运动的魅力

2019年10月11日，汤米从北大回来度周末。一进家门，他就兴冲冲地对我和威廉说：明天肯尼亚马拉松选手基普乔格要挑战2小时！还没等我听清挑战地点是在维也纳还是在越南（英文发音很相似），汤米就换好衣服出门跑步去了。第二天，当汤米得知他的长跑偶像跑出了1小时59分40秒的世界最好成绩的时候，兴奋得跳了起来，马上在朋友圈里传播这一喜讯，好像是他自己赢得了大奖一样。

汤米和哥哥杰米都热衷于长跑，特别是越野。他们曾经用18小时31分钟登上英伦三岛三座最高山峰；用12小时（分成3天）跑完英国哈德良长城135公里，虽然他们还没有参加过正式的马拉松比赛，但也分别在10公里、24公里、35公里等各种环境和条件的比赛里积攒了一些经验，看样子距离42.195公里的目标已经不太远了。

有其父必有其子。二米的长跑基因不是来自我，而是来自他们的爸爸。威廉在20世纪80年代就和他的两个哥哥一起参加过4次伦敦马拉松比赛，最好成绩是2小时39分15秒。他们林赛哥仨到目前为止依然是三兄弟组合最高纪录的保持者，总成绩为8小时28分46秒！

世界上第一次真正意义上的马拉松比赛于1896年在希腊雅

杰米和威廉为汤米拍照加油

典举行。它是首届现代奥运会上的一个最受关注的运动项目。在那场比赛中，来自希腊山区的牧羊人Spiridon Louis（斯皮里东·路易斯，1873～1940）以2小时58分50秒的成绩获得了冠军。

2013年寒假，我们全家来到希腊雅典。这个时候，北京正是冰天雪地，雅典却阳光宜人。这也许就是为什么希腊能成为奥林匹克运动发祥地的原因之一——温和而又充满阳光的气候，使希腊人有了许多露天活动的机会和运动的场所。

威廉说，在雅典，除了参观希腊最杰出的古建筑群卫城，还要带二米哥俩去帕那辛纳克体育场（The Panathenaic Stadium）。因为它是自公元前776年至今一直在使用的奥运会的比赛场地、马拉松比赛的终点。

除了其悠久的历史外，整个帕那辛纳克体育场的形状也与众不同，观众席和跑道所使用的材质也非常特别。它是在公元二世纪由古罗马皇帝哈德良下令修建的。可容纳65000人的观众席三面环绕跑道，上面的长凳使用的不是塑料材质而是白色大理石！跑道呈马蹄形，其中的直道不是100米，而是185米；铺垫跑道最初用的是煤渣，如今使用的胶粒也不是通常所用的红色，而是黑色的。

"When I got on the running track at the stadium , I thought about the heroes of the Olympic Games ..."（当我站在体育场的跑道上时，我想到的是那些奥运会的英雄们……）这是汤米之后写在日记里的一段话。为了感受斯皮里东当年踩过的跑道，汤米在黑色跑道上面奔驰了400米，在最后100米时，杰米和威廉甚至手持相机趴在地上，等待着记录汤米最后冲刺的瞬间。

在我们看来，威廉的马拉松成绩已经很不错了，他比一百多年前的斯皮里东的纪录还快了19分35秒。但在现代马拉松比赛上，选手来自世界各地，高手林立，威廉总是不能突破第200的名次。所以，这会儿，他站在冠军领奖台上，高举着希腊国旗，想体验一下夺冠的欣喜。

马拉松比赛源自公元前490年9月12日发生的一场雅典人抵御波斯人入侵的战役，史称希波战争。战场在离雅典不远的一个叫马拉松的地方。雅典人依靠熟悉地形的优势，以一对十，以少胜多，最终获得了反侵略的胜利。为了让故乡人民尽早知道胜利的喜讯，统帅派一个名叫菲迪皮茨的士兵回去报信。菲迪皮茨快跑如飞，当他跑到雅典时，已上气不接下气，结果仅激动地喊了一句"欢……呼吧，雅典，我们……胜利了"，就倒地而死。为了纪念这一事件，在1896年举行的现代第一届奥林匹

举办为纪念女神雅典娜的泛雅典运动会的古希腊运动场。这是世界上唯一一座全部利用大理石兴建的大型体育场，南北走向的马蹄形竞技场，墨色的黑煤渣跑道。1896年为举行第一届现代奥林匹克运动会——雅典奥运会而重建，周长333.33米，整个场馆布局精巧、大开大阖，是典型的古罗马式设计风格。

汤米在雅典帕那辛纳克体育场的看台上挥舞希腊国旗，高喊："雅典，我来了！"

希腊雅典卫城下的奥运旗帜

克运动会上，专门设立了马拉松赛跑这个项目，把当年菲迪皮茨送信时所跑过的路线作为马拉松赛程。

第一届现代奥运会的马拉松比赛起点就设在马拉松。比赛的头一天晚上，一直在刮风下雨，参赛选手以及一些村里人（包括斯皮里东未来的老丈人）乘坐马车，离开自己的村庄，在泥泞湿滑的路上颠簸了5个小时之后，来到比赛起点。马拉松人非常好客，当晚，参赛的运动员都收到了干衣服和葡萄酒。他们身上暖和了，心里也热乎了。第二天下午两点，马拉松比赛

开始，出发前3个小时，每个运动员都喝了牛奶，吃下两个鸡蛋。这次参赛的只有25名运动员，除了希腊人，还有来自美国、澳大利亚等国的运动员。当斯皮里东跑近帕那辛纳克体育场的最后500米时，仍和澳大利亚选手并驾齐驱，但他最终不负家乡父老的厚望，第一个跑进了帕那辛纳克体育馆。全场欢声雷动。王储康斯坦丁和乔治王子陪着他跑完了最后100米。

从帕那辛纳克体育馆入口处走到其尽头，左边有个通道，通向奥运会博物馆。这里展示着斯皮里

东的事迹介绍、奖牌和特地为马拉松冠军制作的银质奖杯。当国王问他想要什么礼物时，他的回答令人惊奇：送水驴车。的确，这届奥运会之后，斯皮里东又回到他的家乡，干原来送水的活计，再也没有参加过马拉松比赛。

奥运博物馆里，从斯皮里东参加的第一届现代奥运会至今，历届海报应有尽有。1896年，作为申办城市，雅典奥运组织向国际奥组委提交的报告封面上，左

汤米手持希腊国旗站在北京奥运会和伦敦奥运会海报前

手手持橄榄枝、右手挎着荣誉花环的雅典娜手扶神殿廊柱，向正在建设中的奥运竞技场眺望。在雅典娜头顶的神殿横梁上，写有公元前776～1896的字样，诉说着第一届古代奥运会直至此届奥运会的漫长历史。这张表达了希腊人祈望和平主题的报告封面，被公认为奥运史上第一张奥运海报。当然，博物馆里还陈列着2008年北京奥运会海报、2012年伦敦奥运会海报……汤米的日记本里，还有一张他手持希腊国旗站在北京奥运会和伦敦奥运会海报前的照片，下面写着：2008北京，2012伦敦，2013汤米。

那天，我们一家人中最兴奋的恐怕就数汤米了。他站在体育场观众席的大理石椅子上，把希腊国旗高举过头顶，徐徐微风吹拂下，他向着空旷的体育场高喊："雅典，我来啦！"在2008年北京奥运会闭幕式上，8岁的汤米和其他小学生曾经在北京鸟巢体育场用希腊文唱响了《奥林匹克颂歌》。五年后的今天，他在奥运会的发祥地，放飞着自己的梦想：若干年后，自己能否再来到这个体育场参加奥运会马拉松比赛？比爸爸跑得更快？

巴塞罗那圣家堂

最令我们感动的建筑

2015年我们摩洛哥—西班牙之旅的最后一站是在巴塞罗那。这座城市之所以名气大，是因为1992年成功举办过奥运会，还留下一首人人皆知的、史诗般的歌曲——《巴塞罗那》。

杰米这会儿正坐在为这次旅游临时租用的公寓的窗前，窗外的景观是一个"建筑工地"。这可不是一般的建筑工地，它虽未完工，却已经在1984年被联合国教科文组织评定为世界文化遗产。

威廉经常说，在英国人眼里，西班牙人的随便和不守时是出了名的，所以他们喜欢拿西班牙人开玩笑。虽然满心不喜，但西班牙离英国不远，又有英国缺少的阳光和沙滩，还有价格低廉的酒店和美酒，再加上开朗性感的西班牙女郎，每年还是有成千上万英国人到西班牙旅游。如果按照是否去过西班牙来划分英国人，那么80%的英国人属于去过的人群，而威廉则属于另外那20%。

这次来到西班牙，特别是巴塞罗那，眼前窗外的景致使他难忘——这是一座1882年开始修建的天主教大教堂——神圣家

从圣家堂屋顶俯瞰巴塞罗那

族大教堂（简称圣家堂）。历经
133年的风风雨雨和战争炮火的洗
礼，它至今仍旧在建设之中。我
们的临时公寓离建筑工地仅有120
米，可以看清工地的一举一动：早
上8点，几辆巴士满载着身穿红色
工装的工人徐徐开来。工地顿时就
有了生气。工人们出出进进，上上
下下；大吊车也开始上下左右缓缓
扭动。

威廉说他第一次见到巨型吊
车是在20世纪80年代的香港，
而近些年来在北京望京的CBD地
区，这些设施的使用也如同家常便
饭一般。他和我打赌，过不了几十
年，这些"厉害"的大吊车用极速
所建造的建筑就会变得破烂不堪，
甚至被弃而不用。我们面前的这一
建筑，其修建过程已经有上百年，
再过11年才能最后完工。她集形

圣家堂"工地"的日出

状奇特、规模巨大和工艺精湛这些特点于一身。不知这些工人们是否意识到，他们正在做的是多么伟大的事情——他们修建的这座建筑，从形状到规模、从设计到施工，都是举世无双的，正如现任项目负责人所言："我们正在为世界呈现一件珍宝。"

教堂里石柱无数，宛如一棵棵参天大树，走入教堂就仿佛进入一片森林；天花板上的灯光就像是夜晚的星空一样照亮每一个昏暗的角落。在那些星光无法照耀到的地方，则有从两侧绚丽的彩色玻璃中透过来的光线。教堂的整体设计带有强烈的自然色彩。它以动植物的形态为蓝本，将《圣经》中的各个场景在整个建筑中逐一展现，似乎赋予了教堂巨大的生命力。教堂共设有三座宏伟的立面：诞生、受难

圣家堂正在紧锣密鼓地建设着

神圣家族大教堂

简称圣家堂，是位于西班牙巴塞罗那的一座罗马天主教大型教堂，由西班牙建筑师安东尼奥·高迪（1852 - 1926）设计。

雄伟的尖顶，宛若从地中生长起来一般；4座直刺云霄的巨大塔楼拱卫其侧，通体被精巧繁复的手工打制玄武岩浮雕所簇拥。整个建筑物奇幻雄伟，如史诗一般。

根据高迪的计划，这座规模宏大的教堂将建造18座高塔，按照高度上升的顺序依次分别代表十二门徒（100或110米）、圣经四福音书的作者（130米）、玛利亚（140米）和中央的耶稣基督（170米）。教堂的三个立面分别以隐喻的手法象征耶稣一生的三个阶段：诞生、受难与复活。其中面向东方的"诞生立面"早在1935年前就已完工，受高迪风格的感染最为直接；面向西方的"受难立面"则于1976年完工，整体特征简朴而饱经风霜；面向南方的"荣耀立面"于2002起开始建造，将会是三个立面里最大、最有纪念意义的一个，主要象征的是耶稣升天。

教堂的整体设计以大自然为灵感，如洞穴、花草、山脉、动物等，以抛物线、双曲线、椎体、螺旋体构成充满韵律动感的建筑外观。

圣家堂的建设进展缓慢，其建设资金几乎全部来自天主教徒的捐献和门票收入，后又因西班牙内战的影响而时断时续。目前预计于2026年，即高迪逝世的百年纪念之时完工。虽然教堂尚未竣工，但因其"见证了高迪对19世纪末和20世纪初建筑技术的杰出创意与贡献"，"呈现了加泰罗尼亚现代主义"和"对花园、雕塑以及所有装饰艺术和建筑的设计产生了极大影响"，凭借其超脱世俗的想象和精湛的制作工艺，圣家堂的一部分与高迪在巴塞罗那的其他6个建筑作品一起，被联合国教科文组织选为世界遗产。

那些星光无法到达的地方，有从两侧绚丽的彩色玻璃透过来的光线作补充

彩色玻璃透过来的光线，如梦幻一般

和荣耀，每一面都有四座支撑塔楼，远看犹如百孔千疮的蚁穴。登上塔楼，可以近距离的观察塔尖上的建筑装饰，同时俯瞰巴塞罗那整座城市。

在教堂里参观一小时之后，我在入口处的椅子上坐下来。我惊讶地发现，所有"到此一游"的人，面孔上都带着惊讶不已的神情。一双双瞪大了的眼睛、一声声"哇——"的惊叫，甚至面颊上滑过一丝丝的泪水。无论何种肤色、何种语言，也无论有何种信仰，每个前来参观的游客都被这举世无双的建筑所震撼和感动了。花费的18欧元（约合130元人民币）与实现愿望的性价比真是太高了！

这是天才建筑设计师安东尼奥·高迪献给人类的礼物。高迪这样写道："靠一个人的一生是完成不了这样巨大和神圣的使命的，它得靠未来几代人的努力。"高迪是在1883年开始参与这座圣家堂的修建的，当他于1926年因车祸突然去世时，仅仅完成地下室和耶稣诞生立面的4个钟楼的修建。90年过去了，人们继承他的遗志，继续他那未完成的使命。

建设这样一座建筑，在主要依靠个人捐助和门票收入的资金的情况下，本来就需要很长的时间。而1936～1939年的西班牙内战，不仅拖延了建设时间，还毁坏了许多已建设好的部分。幸好高迪健在时就已经与他的徒弟们交流过他的所有设想，并一起制作了建筑的整体模型，后人才得以遵照着继续建设。

1926年高迪去世以后，继续修建的希望寄托在了建筑师 Luis Bonet和他的儿子Jordi身上。Jordi第一次来到工地时年仅7岁，现在已经87岁的建筑师又有了他的女儿接他的班。

圣家堂在一天一天地升高，在一点一点地接近它的终极目标：其中除了高迪生前完成的"耶稣诞生"立面的4个塔楼之外，另外"耶稣受难"立面的4个塔楼已在20世纪七八十年代建成，前后共花了十几年的时间；第三个立面——"耶稣荣耀"的4个塔楼，现在已经开始建设。在未来的11年间，位于中央的六个高塔终将完工，其中最高的耶稣塔将比已建设完成的几个立面塔楼还要高出70多米。

因为我们在巴塞罗那一待就是一周，而且临时住所就在圣家堂对面，使得我们有机会多次

杰米和汤米每人得到威廉赠送的《神圣家族大教堂》画册一本

进出圣家堂参观。头几次，威廉和杰米不单拍摄圣家堂内部的艺术设计，还在我们住所的窗台上架设相机，24小时拍摄圣家堂从白天到黑夜的延时摄影；最后一次，我们全家在一个专家级向导的带领下参观，了解到更多背后的故事和高迪深邃的建筑思想。

2026年是高迪逝世100周年。我们一家人相约，在11年之后，无论杰米和汤米是继续学习还是已经成家立业，无论他们是在天涯还是海角，我们全家都要再次来到巴塞罗那的圣家堂相聚，亲眼见证这座世界文化遗产的竣工和世界新奇迹的诞生。

临回北京之前，威廉送给杰米和汤米每人一本《神圣家族大教堂》画册，并在扉页写上了祝福语，希望他们在2026年携带这本画册，与他们的家人一道，和我们"老两口"相聚在巴塞罗那，相会在圣家堂的"荣耀门"前（现在刚刚开始修建）！

亲爱的读者，你们愿意和我们一起来吗？

第三章

有趣的人不是天天能遇到

白金汉宫
见女王

　　英国现任女王伊丽莎白二世（1926～　）是英国历史上在位最久、寿命最长的君主。从1952年登基至今，已经69个年头过去，2021年4月她庆祝了第95个生日。女王曾于1986年访问过中国，是第一个访问中国的英国君主。

　　我梦寐以求的事情是能够进入白金汉宫一睹女王的风姿。如今，这座深不可测的白金汉宫已经敞开了大门。自1993年以来，每年8～9月份，在女王去苏格兰高地巴尔莫勒尔堡避暑期间，白金汉宫就成了普罗大众的游览胜地。只要花上25英镑、在网上预订门票，就能与其他40万游客一道，参观白金汉宫里面的19间国事厅和御花园，观赏宫内的建筑装饰、家居摆设、雕塑绘画等难得一见的艺术藏品。

　　2017年夏，我们一家五口（这年年初，杰米已经与慧婷结婚）作为普通游客参观了白金汉宫。这一天，中央旗杆上飘扬着英国国旗（女王在宫内的时候飘扬君主旗帜）。

　　这次进宫，并不是我们一家人的头一回。11年前的2006年7月12日，是我们全家值得纪念、终生难忘的日子。那一天我们手里拿的不是门票，而是女王亲笔签名的邀请函——参加女王在白金汉宫举行的授勋仪式。

授勋后的全家合影

　　女王每年在白金汉宫举行21次授勋仪式，向为国家和社会做出贡献的个人授予各种勋章。威廉因在保护世界文化遗产——万里长城和促进中英友好方面做出贡献，经英国驻华使馆推荐，他成为2006年大英帝国勋章（OBE, Officer, Order of the British Empire）的获得者之一。作为荣誉获得者，还可以邀请3人与他同行。当时威廉携带我们娘仨，刚好符合规定。授勋仪式当天，白金汉宫正面左侧的大铁门敞开，迎接130位获奖者和300多位嘉宾的到来。

　　这天的一大早，威廉一身黑色燕尾服，头戴黑色礼帽，显得庄重大方；我身穿紫红色柞蚕丝套裙，配上同样颜色的纱帽，不失大家闺秀的风姿。杰米和汤米每人一身黑色小西服，扎上林赛家族格子布领带，精神抖

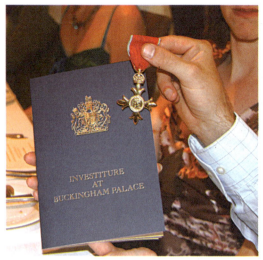

威廉获得的帝国勋章和参加授勋邀请函（左图）
O.B.E.帝国勋章是银质的（右图）

撷，个个都有小绅士风度。在离开酒店时，来接我们的出租车似乎预先知道我们要去哪里、要做什么事，就连车的颜色也是紫红色的！下了车，全家没忘记在维多利亚女王雕像前先合影，随后来到入口处。这时，做安检的白金汉宫警察微笑地迎上前来，既友好又幽默；其他来宾安静地排着队，秩序井然。当年9月就要进入中学的杰米和马上将成为小学生的汤米都变得很乖巧。这时伦敦大笨钟敲响了8下，距离授勋仪式的11点钟还有3个小时！

在接受女王嘉奖之前，要在画廊等候。画廊里陈列着1820年乔治四世及前国王收藏的大师们的原版油画作品。这里不只是为展示收藏而建，它是白金汉宫的主要接待厅之一，这些名家名画首要的功能是用作接待活动的文化背景。每年都有荣誉获得者在这里聚集，然后再被引导进入舞厅，接受女王的嘉奖。威廉在接受女王的勋章之前的准备工作也是在这里进行的。先是有人提前在威廉的左胸前别好一个用来挂勋章的别针；随后由专人讲解觐见女王的程序和注意事项。总之，如果威廉再想和其他荣誉获得者聊聊天，画廊墙上的这些画作肯定是没有时间去欣赏了。

授勋仪式开始，首先得到勋章的是那些将要被称作"Sir"和"Lady"的，等到威廉接受勋章的时候已经两个小时过去了。"Mr. Lindesay——"随着传令官的声音一落，威廉出现了，他径直走到女王面前的两三米之外，左转，前跨两步，向女王鞠躬，握手，女王身旁有一个助手，告知女王威廉是"何许人也"。女王握着威廉的手说："我到过中国的长城。""是的女王陛下，那是在1986年。"威廉答。"保护长城一定很辛苦，有很多事情要做。""是的，100年也做不完。"威廉答。"感谢你为促进中英友好和保护世界文化遗产所做的事情！""感谢女王陛下！"威廉答。接着，一枚银质O.B.E.勋章由女王亲手挂在了威廉左胸前的胸针上。（当然，以上对话都是威廉后来告诉我们的。）

授勋仪式结束后，我们从中央大厅的主入口出来，进入四方庭，皇家专业摄影师们已经在那里等候多时了——拍一张全家福！最后我们从进来的大门出宫。之后的"麻烦事"就更多了：游人抢着与我们合影，新华社记者要采访，直至最后用与亲戚朋友的庆祝晚宴来结束这不平凡的一天！

我们一家五口作为游客再次进入白金汉宫已经是11年之后。那次进宫，除了网上预订、现场取票、刷票进入之外，入宫的路径是南面的"大使入口"。每年夏季共有61个开放日，每天从这里入宫的人数多达7000人。

从连接"大使入口"的特许通道进入白金汉宫之后，就直接从中央楼梯上二层来到白金汉宫各间国事厅参观，其中包括：卫兵厅、绿色厅、王座厅、画廊、舞厅、蓝色会见厅、白色会见厅、音乐厅、大理石厅等一共19间。在女王画廊里，杰米兴趣盎然，驻足欣赏艺术大师们的绘画原作。他在北大读书期间学过《西方美术史》，对达·芬奇、提香、鲁本斯、伦勃朗、维米尔这些大师和他们的作品多少有所了解。我来白金汉宫之前，也刚刚读过卜正民的《维米尔的帽子：17世纪和全球化世界的黎明》一书。书中介绍了维米尔的画作，分析了这些画作与全球化的关系。在这里我看到了他的原作《坐在维金纳琴前的女子与绅士》（创作于1662～1665年），感觉特别的熟悉和亲切。

参观过画廊之后，经过丝绸挂毯室和东画廊，就来到著名的舞厅，这也是每年举行国宴和授勋仪式的场地。我们正赶上在舞厅举办

白金汉宫

坐落于威斯敏斯特的白金汉宫是英国君主在伦敦的主要寝宫及办公处，也是英国国家庆典和王室欢迎礼举行场地之一，它始建于1703年，1837年正式成为王宫，此后一直是英国王室的府邸。

白金汉宫的主体建筑为5层，附属建筑包括皇家画廊、皇家马厩和花园。皇家画廊和皇家马厩均对公众开放参观。每年夏天，英国王室在花园内举行盛大的皇家招待会。除此之外，来英国做国事访问的国家元首也多在宫内下榻。白金汉宫的广场中央耸立着维多利亚女王镀金雕像纪念碑，顶上站立着展翅欲飞的胜利女神。

在白金汉宫外面与前来采访的新华社记者合影

118

授勋后的兄弟合影

时坐的位置；汤米觉得那时6岁的他很可笑——忍耐3小时的准备时间和2小时的授勋时间，就是为了得到一个来自伦敦最著名的儿童玩具店哈姆雷斯的玩具！

通常游客参观了二层的各个国事厅之后，从大臣楼梯下到一层，再经过大理石厅，来到每年各国外交使节都要在这里向女王递交国书的弓形室，然后直接从这里进入御花园。女王每年要在御花园举办三次花园舞会。在御花园散步赏花之后，如果愿意多花一点钱，就可以在咖啡厅享用下午茶，或在御花园礼品店里挑选几件商品作为纪念，然后就可以从御花园后门出宫了。

2006年我如愿以偿地见到了女王。汤米后来问，为什么女王不戴王冠？她穿着淡紫色小碎花的连衣裙，更像隔壁家的老奶奶。而杰米关心的是白金汉宫的厕所是用什么材料做的？金子？当然结果令他失望。如今，当我在家打扫卫生，擦拭留有女王余香的勋章时，当年觐见女王的一幕幕场景又在脑海里闪过，内心里默默祝愿万里长城永不倒，中英友谊像那艘皇家舞厅里展示的"友谊之船"一样坚固长存。

的"皇家礼品展"，有幸看到中国领导人赠送给女王的《友谊之船》。这艘船以郑和下西洋的宝船为原型，用紫铜、黄金、珐琅釉料手工打造，船两侧的图案取材于敦煌壁画，船身装饰有橄榄枝及和平鸽，象征友谊与和平，开启中英关系黄金时代！

游客从东侧门进来，看过展览之后，就从王座一端的西侧门出去，继续参观其他国事厅。杰米忙着给慧婷指点他参加爸爸授勋仪式

被骑行拯救的
罗伯特·林赛

罗伯特·林赛是威廉的大哥大卫·林赛的儿子。罗伯特是他的学名，我们平常叫他鲍勃。第一次见到鲍勃时，他只有4岁。

1987年12月4日，威廉完成了2470公里的明长城徒步探险。之前的5月，我俩在北京龙潭饭店相识。翌年4月，我们在我的老家西安登记结婚，之后前往英伦。在英国期间，威廉要著书立说，用《独步长城》讲述他长城探险的故事。而我初来乍到，英语水平有限，也无法立马找到合适的工作，因此我们只能和威廉的父母生活在一个屋檐下。

鲍勃是林赛家的"大孙子"，虽然他迟于二嫂的儿子克里斯两年之后才出生。按照皇家继承王位的顺序（尽管我们不是皇室家族，但威廉的祖先也是贵族出身），鲍勃自然先于克里斯，也自然很受爷爷奶奶的宠爱。每周末，鲍勃都要到爷爷奶奶家"蹭饭"。二嫂就经常私下向我抱怨，爷爷奶奶对他们的几个孙子有着"不公平的待遇"。

鲍勃小时候是一个十分听话的孩子。他不仅听爷爷奶奶的话，他还特别听他叔叔威廉的话。一来威廉是他的"教父"，二来威廉是他最崇拜的探险英雄。

"骑行三勇士"吹响集结号（后排从左到右：鲍勃、我、威廉和大卫，前左是杰米，前右是汤米）

三勇士在一座教堂前稍做停留

我们在英国连续居住两年半之后，为了实现威廉的下一个探险目标——重走长征路，我俩一起返回中国。威廉平常在西安理工大学教授英语，假期重走红军长征路，两年下来，撰写出《与毛泽东一起长征》一书。那时候，他每个月的工资只有700元，还要分给我们两个人花，因而想回英国探亲一趟，路费得攒上两三年。由于长期不回英国，我对鲍勃的印象就淡泊了。

转眼间，就到了鲍勃上中学的阶段。大嫂娘家很富有，当时在英国就拥有72间照相馆，鲍勃自然会被送到当地最好的私立男中读书。很可惜，听说他特别叛逆，不喜欢上学；学习习惯没有养成，还到处惹祸。不但将爸爸的自行车偷出来卖掉，换钱款待他的"哥们"，有一次还竟然和这几个问题少年一起把校长的办公室涂成了粉红色。

他是否能上大学？四门功课不及格，还背着"黑锅"，哪所大学愿意接受这样的学生！好在鲍勃自小以他爸爸大卫和叔叔威廉为榜样，喜欢体育运动，跑步、骑行样样不赖。

2001年，鲍勃17岁。威廉和大卫计划骑行1406公里，"纵贯"英伦，并准备带上鲍勃。这次自行车骑行，看似与上大学毫不相干，但是，它却改变了鲍勃的命运。

从英国西南的兰兹角（Land's End）到英国东北的约翰·欧·格罗兹（John O'Groats），有一条英国最长的公路，全长874英里（1406公里）。从20世纪80年代起，人们开始在这条公路上骑行，而且逐渐变成了一项体育运动，一项自我挑战。当时，像鲍勃这样加入骑行队伍的未成年人还是凤毛麟角。

骑行开始的头300公里是最艰难的。道路远远看去似乎平坦，但真正骑行在路上，你才会发现，它是一个大坡连着一个小坡，而且是没完没了。这样的路既伤身，又伤神。每骑一公里所耗的体力，相当于平路上的三公里。腰酸背疼，那是家常便饭；更糟糕的是，这种上上下下、循环往复又无穷无尽的道路，使得人的精神近乎崩溃。

如果要说什么时候是最令人沮丧的，那一定是在下暴雨之时，无处避雨的情况下，鲍勃的自行车被路上的"异物"扎爆，寸步难行。威廉他们那次实际骑行了1600多公里，那多出来的200公

2019年夏（17年后），在林赛家族的寻根之旅上，"三勇士"再次会面（从左到右：威廉、大卫和鲍勃）

在骑行路上（左图）
鲍勃正在冲过终点线（中图）
胜利，真爽！鲍勃高举自行车庆祝（右图）

里，就是找地方修车等等意外状况用的路程。

当然，这种自虐性骑行的乐趣也是不言而喻的。威廉兄弟俩和鲍勃的生活变得异常简单，脑子里想的只是：向前、再向前……找一家咖啡店坐下来喝一壶（不是一杯！）热气腾腾的咖啡和红茶……

后来鲍勃前往英国诺丁汉大学参加了入学面试。当面试官看着鲍勃的学习成绩，正在犹豫是否要录取这个学习偏差的学生时，鲍勃给他讲了那趟12天骑行1600公里的故事。面试官立马改变了对鲍勃的最初印象。他甚至说，功课学得不好没关系，可以很快补上，但在人的一生中，精神和毅力这样的东西是最重要的，也不是能在短期内补上的。就这样，鲍勃被诺丁汉大学录取，主修医药学，毕业后成了一名药剂师。在大学学习期间，他还遇到了他现在的妻子米歇尔。

2019年暑假，我们回英国探亲旅游期间又见到了鲍勃。他和米歇尔同时辞掉原有的朝九晚五的药剂师的工作，刚刚搬进新居，而且正在周游世界。当下英国经济不景气，脱欧后英国的未来如何，谁

也说不好，许多英国年轻人工作未卜，前途渺茫，得抑郁症是普遍现象。然而，鲍勃夫妻俩生活得充实、滋润，令人羡慕。

他俩不仅自己过得好，还尝试以己所长帮助他人。鲍勃有骑摩托车的爱好和技能，每次来探望我们总是骑着摩托车。他告诉我，他要当一个送血志愿者，因此，最近得参加一个相关培训班，掌握一些血液保存、运输等知识后，再利用他的摩托车骑行技能和闲暇时间做帮助他人的事情。

前几年，BBC制作的纪录片《中国老师在英国》一炮而红，中英两国的教育方式的对比再次成为两国社会关注的焦点，各个媒体都在评论此事。国际关系学院副教授储殷在《新京报》专栏评论里说："无论中外教学理念、教学方式有多少差别，其共同之处在于，天底下没有不吃苦就能成才的。"然而我心想，鲍勃似乎是一个例外。他虽然在学习方面没有吃苦，但在其他方面吃了苦，也照样被看重，而且，他后来成长为一个有人爱、爱他人，并且对社会有用的人。

新西兰皮划艇教练兼向导

盖瑞克·佛格森

　　我经常听到有关导游的负面信息，这些人不是没有资质的"黑导"，就是强迫游客购物自己拿回扣的"坏导"，要不就是能少做绝不多做的"懒导"。

　　可是，2011年寒假，我们一家四口第一次出游新西兰南岛时，陪同我们3天2夜的向导盖瑞克是一个没有一点坏毛病的"好导"，而且他还有自己独特的人生观。

　　盖瑞克，全名盖瑞克·佛格森（Garrick Ferguson），是新西兰阿贝尔·塔斯曼国家公园（Abel Tasman National Park）的一名普通皮划艇教练兼向导，他服务于威尔森公司（Wilsons Abel Tasman）。

　　威尔森公司是一家由祖孙三代经营的家族旅游企业。现任CEO达里尔·威尔森先生（Darryl Wilson）的祖上第五代是1841年英国正式向新西兰发送移民船的第一批移民。登陆两年后，他们在尼尔森地区的阿瓦罗湾建造了一幢别墅。1942年，为纪念发现新西兰黄金海湾的荷兰航海家阿贝尔·塔斯曼300周年诞辰，新西兰环境保护署将尼尔森地区建成了国家公园，并以阿贝尔·塔斯曼的名字命名。

　　起初，威尔森家族在国家公园里的经营项目只有海岸步道远足。1968年，达里尔的母亲丽奈特·威尔森购置了激流湾

新西兰阳光明媚，但是对人的皮肤有害，孩子们此时显然还不清楚这一点

的木屋之后，威尔森公司有了阿瓦罗湾生态庄园和激流湾木屋两个食宿场所。1977年威尔森公司开始经营游船观光，1995年又引进了带有专业教练和向导的海上休闲皮划艇项目，从此威尔森公司成了海陆吃住玩一条龙的旅游公司。

在我们来新西兰南岛之前，杰米刚过了17岁生日，汤米也10岁半了。这趟我们是以自驾为主的自由行，只有在阿贝尔·塔斯曼国家公园这几天，是威尔森公司专为我们一家"私人订制"的行程：皮划艇、游泳、徒步，晚间下榻于威尔森公司的庄园和木屋，而且由盖瑞克全程陪同。

第一天清早，我们来到国家公园里的威尔森公司总部。一个身穿黑色T恤衫的年轻人热情地迎上来和我们打招呼。他看上去30多岁，皮肤白净，两眼大而有神，扎一个小马尾。他自我介绍说，他是我们一家的全陪向导盖瑞克，然后告诉我们今天的活动是海上休闲皮划艇，要划5公里，而且我们的海上双人皮划艇不仅是当天的"玩具"，也是我们到达宿营地的交通工具。

盖瑞克为我们每人配备了一身行头，其中包括吊带胶皮裤和背后印有该公司名称和网站地址的救生衣，每人还发了一把两头有桨叶的桨。我和杰米划

盖瑞克找来新鲜芦荟交给威廉，给汤米敷在背上，增加凉爽感，减轻疼痛

导游盖瑞克

一只皮划艇，威廉和汤米划一只，盖瑞克则单独一只。出发前，盖瑞克仔细讲解了皮划艇的构造，注意事项，还手把手地教我们划桨的要领。

我们四人当中只有威廉和杰米摸过划桨。记得那是2005年，全家人在老挝做过浅河水的"绿水漂流"。当时我要照顾4岁半的汤米，由向导帮助我们划船，因此到目前为止我连桨都没有摸过一下。今天，我们得在上下起伏的海水里连续划上5公里，这对我来说是一个极大的挑战。奇怪的是杰米和汤米一点也不害怕，他俩在盖瑞克的指导下，划艇技巧掌握得飞快。据盖瑞克自己说，一年前，他曾赢得新西兰皮划艇冠军称号。

这会儿，我和杰米轮流地划桨。我一边划桨，一边在心里数着数。但越往前走，能坚持的时间就越短，数的数就越少。另外，我平时就晕船，皮划艇在海面上上下下起起伏伏，感觉随时都会被掀个底朝天。

盖瑞克的动作娴熟、敏捷又潇洒，嘴里还不停地给我们进行科普教育，讲海里的鱼和空中的鸟。

湛蓝的天空中飘浮着几朵白云，清澈见底的海水冲刷着金黄色的沙滩，雪白的海鸥在上面翩翩起舞，好一幅美丽的风景画卷！在一整天的划行中，我们经过了国家公园最美的黄金海湾，并在

对我来说，胳膊没劲儿，划皮划艇不容易。这是在第一天划艇中间休息

这里度过了午餐时间。划艇一着陆，孩子们疯也似的脱掉所有衣服，只留下一个短裤，光着膀子向大海奔去。他俩相互泼水，深扎猛子……我享受这里充足的阳光。这时盖瑞克已将午餐准备停当：有事先准备好的三明治，以及用户外炉子现烧的开水泡的上好红茶。

快傍晚了，我们终于来到了第一个宿营地——阿瓦罗湾生态庄园。一下皮划艇我就瘫倒在椅子里；威廉的状况也不比我好多少，他端起盖瑞克递过来的一杯茶，手却不听使唤地摇摇晃晃着，茶水洒

了一身。只有二米依然精神头十足，吃着盖瑞克送来的饼干，翻阅着桌子上的户外杂志。

不久，晚餐时间到了，盖瑞克摇身一变，从向导变成了服务员。汤米今天接受了过多的紫外线，后背被太阳晒得脱了一层皮，直喊痛。盖瑞克出去了一会儿，回来时手里拿着几片芦荟叶子，放在汤米的晒伤处。他说尼尔森地区是世界上日照时间最长的地区，紫外线非常强，皮肤接触芦荟叶会感觉凉爽，减轻疼痛——这会儿盖瑞克又从服务员变成了护士。

阿贝尔·塔斯曼国家公园

位于新西兰南岛西北方，处于全新西兰阳光最多的塔斯曼大区中的阿贝尔·塔斯曼国家公园原始森林茂密广阔，颇为壮观。

公园面积225平方公里，是新西兰最小的国家公园。园内茂密的灌木与碧绿的草原遍布，其中间杂着一些珍贵的雨林，让它成为新西兰最具特色的公园。此外，这里的山坡丛林中混合生长着北岛和南岛都有的植物，此种现象为他处所无，也是这个公园独一无二之处。

国家公园建立时，威尔森家族捐献了所拥有的大部分园区内土地，只保留了祖先在这里建造的房屋的所有权。1841年，威尔森公司成立，成为第一家获得政府批准拥有在阿尔贝·塔斯曼国家公园内合法经营权的公司，还协助新西兰政府设计了公园内的步道等。

新西兰阿贝尔·塔斯曼
国家公园里处处皆景

第二天一早，我们又要启程，划向下一个宿营地——激流湾木屋。我当机立断，拒绝上艇。我宁愿参加远足团徒步10公里，也不受这份在海上漂流5公里的罪了。当徒步队伍到达激流湾木屋时，皮划艇队员也随后赶到了。木屋外面景色宜人，白色的沙滩上安置着一个秋千，汤米坐在里面观赏着海水涨潮，远处传来盖瑞克的声音：汤米，要涨潮了，注意安全！

第三天上午是全家在海岸步道上徒步的日子。一开始，我们穿行在昏暗的雨林中，全靠从树叶缝隙间洒下的阳光辨路。越往高走，大树变成小树，小树变成灌木，人的视野也就越来越开阔。从高处看到的海湾和近距离感受到的完全不同，前者是"上帝"眼光的俯瞰，后者则是"只缘身在此山中"的近距离体验。最有意思的是在徒步经过一片沙滩时，为了在海水涨潮之前抢先走过这个区域，盖瑞克赤着脚，我们则人人提着徒步鞋，换上了凉鞋，一声不吭地低头赶路。我们有时踩在松软的细沙子上，有时走在鹅卵石上，有时跟着前人的脚印，有时沿着海鸟的爪印，就这样走着走着，海水眼看就要没过汤米的膝盖了……

几天下来，二米毫不意外地与盖瑞克成了好朋友，亲切地称他"叔叔"。我多嘴，问他是否结婚了，他说还没有。他说他最喜欢做的事是独自一人体验野外生存。他要攒钱，去美国向印第安人学习"一把刀子打天下"的本事，具体来说，就是要学习钻木取火、寻找野味、搭建窝棚、自救救人等生存技能。

二米兄弟俩听得着了迷。五年后，我们的朋友一家人也去阿贝尔·塔斯曼国家公园旅行，同样见到了盖瑞克。他们的儿子和二米一样迷上了盖瑞克。据他说，自从我们离开新西兰之后，盖瑞克因结婚生子，手头紧张，暂时没有机会去美国。不过他依然信心满满。他说他正在通过网络学习，现在已经能够靠一把刀子，走遍新西兰的任何角落。

盖瑞克的言行，二米兄弟看在眼里，记在心上。2019年，杰米作为斯巴达赛事摄影师，去非洲纳米比亚拍摄"斯巴达勇士"体验布须曼人的原始部落生活；汤米则独自前往美国犹他州，与其他"斯巴达勇士"一道体验印第安人的生活，还真通过钻木，取到了火种。

挪威人石丹华先生

和他的木屋文化

2014年暑假，我、威廉和汤米从英国曼彻斯特乘机飞往德国的法兰克福国际机场，然后从那里转机去挪威首都奥斯陆。由于天气原因，飞机晚点4小时。我们随着人流涌到候机室，大老远看到一个熟悉的面孔微笑着向我们招手。他个头不高，一撮白色的山羊胡子，秃顶，是个"老来瘦"——他就是我们在挪威旅行的"接待人"石丹华先生。他没有接我们去他在奥斯陆的公寓，而是直奔奥斯陆以西500多公里远的他的"乡间别墅"——木屋。

石先生的挪威名字叫Kjell Stenstadvold，"石丹华"是他20世纪90年代在北京做挪威海德鲁（中国）公司的首席代表时，请中国同事起的名字。"丹华——"他解释道，"是红色中华的意思，刚好也与我挪威名字发音近似。"他在中国有多年的工作经验，知道"入乡随俗"和"与时俱进"的好处。

我们相互认识是在1998年。那一年春天，为了提高人们保护长城环境的意识，威廉以个人的名义组织了第一次由100名各国志愿者组成的登金山岭长城捡拾垃圾的活动。同年10月又组织了"迷你共和国"长城清扫活动。当时，石先生举着挪威国旗，代表挪威人参加了10月份的活动。第二年，石先生主动

石丹华（右）及其夫人安·苏菲

联系威廉，表示挪威海德鲁（中国）公司愿意为长城做一点事情。在怀柔箭扣长城建立环保站，雇佣当地农民捡拾垃圾，同时竖立环保标志牌的合作协议就此签订了。他俩的长城环境保护理念的一致，加上一来二去走动频繁，石先生和妻子安·苏菲成了威廉和我的好朋友。石先生退休后，他们夫妻俩回到家乡，在邮件里经常邀请我们全家去挪威玩儿，但因为这样和那样的理由，始终没能赴约。

5个小时之后，我们进入了一个绿色与白色交相辉映的地区Hardanger，它位于挪威著名的峡湾地区。7月，植被的颜色从嫩绿变成了深绿，在远处的高坡上面，依然残留着一片片没有融化的白雪，小的直径几米，大的能达到二三十米。这是挪威地处高海拔平原这一地理位置的特点。

我们终于在一个豪华的木屋群边上停下来，还没有等我的"哇"声出口，石先生抢先解释道，这不是他的木屋，是一个水暖工的。挪威是个更接近"真正社会

在与石先生和安·苏菲女士道别时，石先生为我们演奏了一曲（左图）
汤米、石先生和安·苏菲在木屋外的小阳台上（右图）

主义"的国家。在这里，无论你是白领还是蓝领，工资收入都旗鼓相当，体力劳动者的工资有时甚至高于脑力劳动者。下了车，在弯曲小路上行走了20米，一个半新不旧，甚至可以说有些破旧的木屋出现在我的面前。

一个熟悉的身影出现在门口，她除了头发多出几根灰发，其他没有什么变化。她就是石先生的夫人安·苏菲女士。我们已经有七八年没有见面了。她上来热情地与我拥抱，说了句："你们终于来了！"

提到挪威，每个人都知道在北欧，但是具体地图形状和首都的位置并不是所有人都知道。经安·苏菲的生动"比划"，挪威的地图在我脑海里再也挥之不去：请你把右手臂伸出来，张开手掌，手心朝下，再加上你的胳膊，这就是挪威。奥斯陆就在你的"虎口"处，而石先生的木屋就在你的手背中心。

近一半的奥斯陆人除了在城里的住房之外，都另有木屋。木屋是挪威人休闲度假、探亲访友、户外运动的另一个"根据地"。在我看来，木屋不仅仅是"别墅"，更是挪威人文化的一部分。

石先生家的木屋是30年前自己选址，找专业人士修建的。它坐

生间虽小，但是面盆、抽水马桶和淋浴器样样俱全。烧饭和洗漱的热水都是用电。挪威的水资源丰富，水力发电也很发达。虽说20世纪70年代发现了石油，但大部分都用于出口欧洲换回外汇。

我们用一周的时间在石先生的木屋里体验了一把挪威木屋文化，同时更加了解石先生的处世和为人。

木屋对石先生一家人来说是户外运动的临时住所。冬季，他们一家大小来这里享受冰天雪地的乐趣：滑雪、跳雪、挖建冰屋等。夏季，在木屋周边纵横的河道上可以"白水皮划艇漂流"。石先生带着汤米就在附近急流中漂流，汤米用GoPro摄像机记录了他们两次翻船的惊险镜头。徒步是一年三季（冬季除外）的运动项目。石先生还给我们仨做了3天的徒步向导，中途夜宿在鲜有人类足迹、远离"文明世界"的公共木屋里。

石先生把"木屋文化"的每项活动，都"记录在案"：每天的天气、户外活动项目、人口的增减、木屋修缮、亲朋好友的来访等等。每一本记满之后，都有一个总结表：居住天数、来访客人人数等等。这一切构成了石先生的木屋文

落在挪威著名的第二大瀑布Fossli约500米开外，顺风时，瀑布的巨大水声足以让人彻夜无眠。木屋的窗户有3层玻璃，冬季可用来挡风保暖，而在夏季，它的一个作用就是"挡声"。

木屋的使用面积不到100平方米。客厅、餐厅加厨房是在一个空间里，橱柜和炉具将其分成3个区域。卧室一共4间。当初石先生和安·苏菲已经有两个儿子和一个女儿，卧室的数量也就照着家庭人数的多少分割的。除了夫妇俩的一间外，每个孩子各自一间。孩子们的房间都是上下铺，一旦有朋友和客人光临仍然有足够的地方睡觉。卫

徒步过程中，我们晚间歇息在公共木屋里（上图）
石先生的木屋客厅的一角（下图）

挪威极光

北极光在寒冷干燥的季节出现频率最高。北极光也称为奥罗拉光，通常于夜间出现，是太阳释放的带电粒子进入地球大气层时发生碰撞而产生的。由于受地球磁场影响，两极地区形成的带电粒子流比中低纬度地区更多，所以高纬度地区出现极光的机会也就更多。

每年9月末至次年3月末，在拥有星罗棋布的岛屿、陡峭的群山和深深的峡湾的挪威北部（尤其是位于北极圈以北350公里的特罗姆瑟），从下午时分到傍晚都处在一片黑暗中，人们常常能看到这种摇曳生姿、绽放着七彩光华的神奇之光划破这里的天空，神秘且绮丽。

化"史记",这也是他的家族历史的一部分。从1981年至今,石先生一共记录了6本。我相信,我们的到来以及在此的活动也都可以在这本"史记"中找到。挪威的木屋文化含义深远,除了回归自然、户外运动外,还有一个重要的内容就是爱情、亲情和友情的汇聚地。2014年5月,他最好的朋友、木屋邻居过世了,他很悲痛,以至于决定要卖掉自己的木屋。

石先生与安·苏菲是在著名作曲家爱德华·格里格的故乡卑尔根相识、相爱、结婚、生子的。在卑尔根,我们参观格里格故居,聆听格里格的音乐,购买格里格音乐光盘。汤米对格里格的音乐也着了迷。《晨曲》《山王殿》和《山妖进行曲》是他的最爱。每当石先生开车带我们外出观光时,汤米总是先把光盘放好,只找这几首来听。特别是那个《山王殿》,在熟悉的摇滚中气氛越来越紧迫,像是漩涡里一场疯狂的混乱。石先生总是在最后几个"雷雨大作"之后突然停顿时激动异常,他会左手把着方向盘,右手像乐队指挥一般,拳头紧握,跟着节奏在空中挥舞,最后一下是快速翻转向上之后,紧握的拳头停留在空中。

你一定想象不出,在我的笔下生命活力四射的石先生已经是病魔缠身。5年前他查出肺癌,癌细胞已扩散。但他参加了新药物实验,成为试药的志愿者——用我们的话叫"死马当活马医"。但是,真正让我感动的是他完全不把自己当病人。在谈到身体里仍然残留的癌细胞时,仍是谈笑风生,好像谈论的根本不是自己,而是他人;不是病痛,而是家长里短。

2014年5月石先生过七十大寿时,少不了全家人的聚餐和生日蛋糕。另外,安·苏菲还送给他一份特别的生日礼物——独自去挪威斯瓦尔巴德群岛徒步、露营4天的预订单!斯瓦尔巴德群岛在北极圈内,属于高纬度地区,主要地形是冰雪和荒原。妻子送给丈夫这样一份礼物,对一般人来说,可能不太理解。然而安·苏菲了解石先生是把挑战自然和挑战自我作为乐趣的那种人,除非生命终止,否则无论什么时候他都不会停下来。

7月30日晚上7点半,我们和石先生一起去机场,接着是真正的"分道扬镳""南辕北辙"。他向北飞向北极圈里的高纬度岛屿,而我们一家向南,飞回英国。安·苏菲则留在奥斯陆等候石先生的归

公共木屋没有管理人员，所有事情都是自力更生

来，同时迎接她第六个孙辈的出世。

就在我们相互告别一个月之后的8月30日，石先生与当地买家签署了"木屋销售协议"。石先生的"木屋文化"就这样结束了，"sad, but necessary"（令人悲痛，但无法避免），他说。不久他又要住院复查和治疗了。如果他能康复出院，他打算和安·苏菲周游世界。

英国湖区『圣人』温莱特

英国湖区以山峦、河谷和湖泊完美结合，独有一种恬静和谐的美而著称。2017年，湖区被联合国教科文组织评为世界自然遗产，列入《世界自然遗产名录》。英国人称湖区为"后花园"，它激发了许多作家和诗人的创作灵感，华兹华斯（William Wordsworth）、碧翠丝·波特（Beatrix Potter）都曾在此写下过动人的诗篇，描绘过美丽的风景。在这里，我并不想写有关他们的故事，而是想为大家介绍一位虽然在中国名不见经传，但在湖区却是家喻户晓的人物——艾尔夫雷德·温莱特先生（简称温先生，1907~1991）。

我们一家喜欢慢节奏的旅行，更喜欢用脚步丈量风景。2011年二米还是半大孩子时，我们就在这里徒步旅行过。8年后的2019年夏，我们全家回到英国探亲访友，也没忘记来到湖区登山徒步。我们住在湖区一个半山腰上的民宿里。一周时间，最好的活动项目莫过于登山徒步，感受大自然的神奇造化。与北京周边的燕山相比，湖区的山峦简直就不叫山，

温莱特先生

既不雄伟，也不壮阔。号称英格兰最高峰的斯科费尔·派克峰（Scafell Pike），海拔也不过978米。但是每一座山地势多样，徒步路线多条，一本登山徒步指南是必不可少的。

说到登山徒步指南，大概人人都会想到温先生。因为凡是来湖区登山徒步的人，都会人手一册地携带温先生的《湖区登山徒步指南》，就像圣徒随身携带《圣经》一样。

温先生一辈子写了60余本登山指南，涉及湖区高高矮矮的214座山峰。令人敬佩不已的不完全是书的数量，而是质量。这些书中的每幅插图、每张地图，甚至每一行文字都是他一笔一画地手绘、手写出来的"艺术品"。哪怕50多年后的今天，这些《指南》里面的信息、地图依然准确无误。其中7本一套的《湖区手绘登山指南》，是他的成名之作。在1952～1965年做财务工作期间，温先生放弃了每个周末的休息时间，利用公共交通工具和他的双腿，跑遍了整个湖区，才最终有了这7个作品。而其余的50多本书则诞生在他60岁退休之后。

温先生之所以能做到这些，除了他本人多才多艺，再就是缘于他对湖区山峦的无尽的爱和激情，同时也是为了逃离不幸的婚姻。他在自传《一个登山者的回忆》中说："山峦不是恶魔，而是友善的巨人。""我不善于用语言和文字表达我对湖区山峦的热爱。我像一个坠入爱河的人那样，只会喋喋不休、喃喃自语地重复那三个字：我爱你！"

1907年，温先生出生在英国中西部的一个叫布莱克波恩（Blackburn，意思是"被烧焦的物质"）的城市里。19世纪后半叶开始，布莱克波恩市成为英国工业革命的发祥地之一。这座城市如同它的名称一样肮脏、乌烟瘴气。温先生的父亲是个石匠，干活之余唯一的爱好就是酗酒；妈妈靠为富人洗衣补贴家用，两个姐姐和一个哥哥都是纺织厂的工人。温先生排行最小，而且聪慧伶俐，15岁就成了这个家唯一的"白领"，起初在市财政委员会跑腿，后来经过夜校补课，成为一名正式的、受人尊敬的财会人士。

温先生生性温和腼腆，不善与异性相处，更不知应如何向所喜欢的女子求爱，最终在1931年还是和他姐姐的好朋友、同样是

湖区的山不高，但很美

之所以称这个地区为"湖区"，是因为这里的湖多而美

纺织厂工人的茹丝结了婚。婚后不几年就暴露出双方在个性和情趣上的差异，但为了维护自己的声誉（那时离婚是一件不光彩的事），给儿子彼得一个形式上完整的家，双方就这样"凑合"着过了30年。

在这桩婚姻中，温先生唯一能做的事就是"出走"。一次他约表兄出游，来到了距离布莱克波恩市乘坐公交车仅需3个小时的湖区（Lake District）。他被那里的景色惊呆了：山是这样的秀丽，湖水是如此的清澈，空气也是这般的清新，甚至连生活在这里的人都令人感觉友善可亲。在那之后，每周末来湖区登山徒步，成了温先生逃离婚姻生活的最常用的方式。后来，他甚至干脆在湖区的肯德尔市财政部谋到了一份会计工作——为了家门口的这般美景，工资不高又有什么所谓！

温先生发现："画素描插图可以把山峦带回家来，可以坐在舒适的太师椅上，穿越在这些山峦之间。"他还喜欢绘制地图，喜欢那种想象着站在地图的峰顶上俯视河谷的感觉。另外，身为一个会计，在电脑、计算器和其他解放财会劳动力的工具大行其道之前，只有笔与墨能派上用场。温先生就是这样的"笔墨工匠"，他的文字娟秀，数字工整，并且准确无误。素描、绘图和写字这些扎实的基本功，使得他出版手绘图书成为可能。

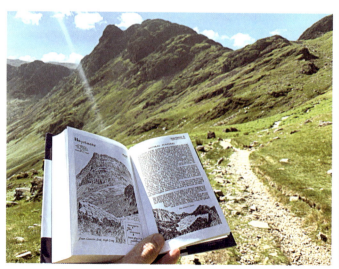

一开始温先生并没有考虑出版这些"登山指南"，而只是单纯为了满足自己的兴趣和爱好。"我把所有的插图和笔记收集成册，以便在自己变成老朽的时候翻阅——当我的双腿失去意义的时候，我还能用精神去攀登。"

在我眼里，温先生是一个登山家，虽然比起那些攀登珠穆朗玛峰的英雄们来说，他可能算不上优秀。他自己也说过，他曾经羡慕过那些英雄，并梦想着能够成为他们中的一员。但当梦想落空，他也并没有为此沮丧，"为什么总是往上看？为什么不往你的周围看看？你会发现在你的身边也有机会大显身手。"温先生从来没有出过国，他总是"左顾右盼"，最终成为了解湖区山峦的第一人。

每次，在攀登一座山之前，温先生都会问自己四个问题：这座山的结构是怎样的？上山的最佳路线是什么？一路上是否会经过一些鲜为人知的地方？山顶上能看到什么风景？

另外，温先生对登山徒步的用途也有着自己独到的见解。"登山是一种非常好的锻炼，它能强健你的腿脚，调整你的身心。别指望医生会给你这些。""登山的目的不是为了折断自己的脖子，而是远离那些想要折断你的脖子的人。"

至于徒步方式，他宁愿选择独行："如果说独行是一首诗歌，那末群走只能算一篇散文。""我不喜欢一大群人一起

温先生曾站过并绘图的地方（左图）
湖区的羊也很有特色（中图）
2019年我们一家徒步湖区时所住的民宿（右图）

位于英格兰西北海岸的一片乡村地区，靠近苏格兰边界，方圆2300平方公里，以湖泊、群山闻名，1951年起被划归为国家公园，是英格兰和威尔士的二个国家公园中最大、最美丽的一个。

湖区于15000年前就已形成今日的面貌，受冰川活动的影响，许多洼地、谷地被水填满，形成了湖泊，这就是湖区名称的由来。如今硕大的湖区国家公园里，如星星般散落着大大不一的16个湖泊，其中包括最大的湖——温德米尔湖，此外还有英格兰最高峰斯科费尔·派克峰。

登山，他们踏毁山间小路，乱扔垃圾。他们中的一半人好像总是半死不活的。他们不是在享受，而是在活受罪。"

1991年1月的一天，温先生静静地走了。在他去世两年后，自传《一个登山者的回忆》出版发行。在这本自传的结尾，温先生留下了这样的"遗言"：

现在我唯一想要做的就是在干草堆山（Haystacks）上的未名湖边找一小块安息之地。在那里，湖水轻柔地拍打着石楠花盛开的岸边，紧邻的Pillar山和Gable山不时地向这里张望。这是一块清静、孤寂的地方。一个我熟悉的人将携我同行，将我从一个小盒子里放出来，把我独自留在那里。亲爱的读者，在若干年之后，如果你登上干草堆山时，千万小心对待你登山靴底夹杂的沙土，那，也许就是我。

这次，我们一家五口来到湖区，也携带着温先生的《指南》。在登上干草堆山顶时，每个人都格外小心，因为谁也不愿打扰在那里长眠的温莱特先生。

第四章

不无聊的慢旅行

米尔福德步道 徒步旅行意趣多

2011年，杰米16岁，汤米也10岁了。伴随着孩子们年龄的增长，我们全家游历世界时又多了一个项目——徒步旅行。这里讲的徒步，不是短时间短距离的走路，而是背着水和食物，长时间（至少两天）和长距离（至少20公里）的跋涉。近十年来，我们徒步时间和距离最长的是英国威尔士彭布罗克海岸线的15天300公里，然而记忆最深的则应当是2011年新西兰南岛峡湾国家公园米尔福德步道的4天53.5公里。

这一年寒假，我们飞离寒风刺骨的北京，"空降"到夏日炎炎的南太平洋岛国——新西兰。这里天空湛蓝，没有一点雾霾的干扰；河水清澈见底，喝一口甜丝丝的；雨林里生长着不同寻常的动植物。亲近这些自然景观的最佳方式，莫过于徒步旅行。

米尔福德步道是新西兰南岛峡湾国家公园里的一条徒步路线。这不是一般的徒步路线。它标志着世界上商业徒步路线的开启，距今已经有150年历史了。新西兰自然资源保护部（DOC）为了保护这条步道沿途的植被和周边的环境，规定每天允许进入步道的人数仅限40人，同时禁止露营和野外用火；进入步道者必须入住木屋就寝，只能使用木屋里提供的

新西兰南岛米尔福德步道起点前的全家合影

厨房设备；木屋里提供睡垫，睡袋自备。为此，威廉提前半年就在网上为一家四口做了预订。

以下是这四天的徒步经历：

第一天：徒步4.5公里。天气：阴转小雨，小雨转中雨。

一大清早，我们来到DOC信息中心报到，领取木屋住宿票和印有环保公约的垃圾袋。信息中心的接待大厅里，除了琳琅满目的购物区，还有一个当地历史地理和环境的小型展览区。汤米眼尖，告诉我有卖"米尔福德徒步证书"的！

一块深绿底刻有黄色字的木牌立在

徒步的起点：克林顿木屋，1小时30分钟。克林顿木屋是我们第一天晚上过夜的地方；1小时30分钟则是一般人徒步这段路程所需要的时间。这段路程实际仅长4.5公里，但我们一家人用的时间比别人多了一倍。

徒步开始时，我们每人的背包都沉甸甸的，除了要背自己的睡袋、衣物、相机之外，还要背负当天喝的水。杰米则更辛苦，除了上述物品外，他还要负责背负全家4天的食物。

走在雨林里，上千岁的巨大榉树上长满苔藓、树下蕨类植物连成一片，仿佛置身于"人猿泰山"的电影场景里。

在雨林中徒步

汤米累了

住在北京的我们从未见过这般景致，威廉和二米兴奋地拍照，由此耽误了不少的时间。

到达木屋后，威廉负责铺床和寻找厕所；我和二米来到厨房准备晚餐。厨房里的设备简单实用，除了一个自来水池和10个小型煤气灶之外，就只有够当天徒步者同时就座用餐的桌椅板凳了。杰米搞清楚了煤气灶如何点火，随后我煮上方便汤，汤米打开三文鱼罐头和苏打饼干，不一会工夫，小屋里就飘荡着食物的香味，我们的胃更觉得饥肠辘辘了。

每个木屋都由一个管理员管理。按规定傍晚7点钟要来跟当天到达的徒步者见面，宣讲安全事项。今天木屋管理员彼得来晚了。他道歉说是因为巡查黄鼠狼夹子用的时间太长了。

在毛利人来到此地之前，新西兰曾经是鸟类的天堂。由于没有天敌，很多鸟儿虽有翅膀，但不会飞行。而毛利人为了生存，食用鸟肉，穿戴羽毛，久而久之鸟的数量就减少了。17世纪欧洲人的到来，带来了牛羊和兔子。由于兔子的过度繁殖，危害了牛羊的草料来源，黄鼠狼被引进以对付兔子。后来兔子虽减少了，黄鼠狼却又繁荣昌盛起来，它们不但吃兔子，也吃鸟蛋，甚至是小鸟，因而鸟类在200年间减少了近50%。目前DOC的一个艰巨任务就是捕杀黄鼠狼。

彼得三十出头，在这里已经工作了五年。他虽然胡子拉碴，头发蓬乱，讲话却有条不紊，妙语连珠。他说住木屋要讲规矩：一是木屋里不允许吸烟，除非吸烟者不喘气；二是所有人的鞋袜都必须脱在门外，否则会减少屋内氧气，增加"袜气"。

第二天：徒步17.2公里。天气：多云。

所有徒步者虽然不必同一时间出发，也无需比赛谁走得快，但是二米争强好胜，他们早起、早走，不想让其他人超过。今天的里程目标是17.2公里。

我们先要在雨林小路上行走10公里，过15座桥。在走过一条淙淙流淌的小溪时，口干舌燥的我们用手捧着清凉的水大口大口地喝着，还将4个水壶灌得满满的。

走出了昏暗的雨林，终于见到了蓝天白云和久违的阳光。举目望去，两侧峻峭的山峰上残留着白雪，地势也开始步步升高，加上要攀爬很

由于没有天敌，新西兰的很多鸟儿虽有翅膀，但不会飞行，也不害怕人类

每一个供徒步者夜晚休息的木屋都有这样的"厨房—餐厅"，也是人们相互交流的地方

多岩石，行走起来感到非常吃力。这时的汤米不停地嚷着要休息，而且休息的间隔一次比一次短。哪怕有一只维克鸟溜溜达达地从汤米身边跳过，距离简直是触手可及，都提不起汤米的兴趣。

明塔勒木屋终于出现在眼前，当天的目的地到了。傍晚时分，木屋女管理员凯莉除了重复常规的安全事项外，还提醒大家不要把徒步鞋留在木屋外面，因为这个地区有一种叫"卡卡"的鸟专搞破坏，捣毁和叼走徒步者鞋袜的事情时有发生。

第三天：徒步17.7公里。天气：多云转中雨。

早上起来天气晴好，但预报在15时之后要刮风下雨。今天最大的挑战是翻越海拔1100米的迈肯尼隘口。如果风大，就很危险。所以我们要在风雨到来之前，翻越到山的另一侧去。

为了赶时间，全家人清早5：30就摸黑动身了。威廉给每人发了一个营养条当早餐，随后就上路了。比我们起得更早的是约翰，他是40人中唯一的单干户。汤米很同情这个"孤独"的叔叔，总是找话跟他聊天。据他说，退休前他是米其林轮胎公司的质量检验员，工作枯燥无味，还容易得罪人。这使得他本来就内向的性格变得更加自闭。退休后，他感觉生命重新焕发了活力，发誓在有生之年，要靠退休金走遍全世界。

徒步开始了。起初我们在雨林中穿行，上到海拔800多米处。在这里，树木变得越来越矮，雨林蕨类已经消失，取而代之的是高山雏菊、不同颜色的苔衣等高山植物。这时山顶上集聚的黑云愈来愈多，我们脚下的步伐也愈来愈快了。

终于到了迈肯尼隘口山顶。山顶有一座墓，墓的主人是一个叫昆尼丁·迈肯尼的苏格兰人，山就是以他的名字命名的。1888年，这位值得尊敬的先辈受雇开辟了从蒂阿瑙至这座山的登山小径。威廉掏出事先准备好的一小瓶苏格兰威士忌，满脸郑重地对这位同乡和探险勇士敬了一"瓶"，表达了我们对他的一片敬意。

下山后，我们拐进一个离主路2公里的岔路，去看了新西兰第一、世界排名第四的瀑布——萨瑟兰大瀑布。再回到主路后，今晚的宿营地、第三个木屋——"饺子"就在眼前了。这座木屋之所以起这样的名字，是因为木屋旁有一个山坡，形状就像一个饺子的模样。

当天晚上，木屋管理员伊因传达的最重要信息是，从今晚到第二天早上，气象预报均有大雨到暴雨。他将要密切关注雨量和相关情况，得等到明天早上才能告知我们什么时候可以动身。峡湾国家公园一年的雨量多达7000毫米。而且，一下大雨，两侧山坡上的雨水全部冲入河谷，瞬时间河水就会暴涨。如果河水涨至40厘米以上，对徒步者来说就会有被河水冲走的危险。这样的情况下办法只有两个：一是停下来原地不动；二是靠直升机来救援。

第四天：徒步18.6公里。天气：大雨转小雨。

劈劈啪啪的雨点在屋顶上敲打了整整一夜，就好像要将它戳漏似的。第二天清晨6点，率先起床的伊因像一个战地指挥官，大声宣布："大家准备好，半小时后出发！要急行军5公里，赶在河水上涨之前渡过阿瑟河。"

我们所有能防雨的装备——冲锋衣、冲锋裤、背包罩都派上了用场。威廉帮杰米，我帮助汤米。出发令一发出，伊因一马当先，行军开始了。

一路上只听到徒步鞋与地面

新西兰南岛峡湾国家公园

  位于南岛的西南角、濒临塔斯曼海的峡湾国家公园是新西兰最大的国家公园，也是世界上最大的国家公园之一。这里是由100万年前的冰川活动所形成的一大片山川河谷，地貌错综复杂，峡湾、瀑布、岩石海岸、悬崖峭壁、高山湖泊等散布，被誉为"高山园林和海滨峡地之胜"。园区内2/3的面积覆盖着原始森林（主要是南方山毛榉和罗汉松）。

  新西兰南岛最深的马纳波里湖和最大的蒂阿瑙湖分布于此。沿海海岸呈锯齿形，有众多峡湾，其中以米尔福德峡湾最为著名。

石子的摩擦声，就连汤米也默不作声，低头赶路。不知过了多久、走了多远，直到每5个人一组摇摇摆摆地晃过那座湍急河水上的吊桥，伊因才回身停了下来，紧绷的脸上露出了微笑：从这以后，你们就没有危险了，我的任务也完成了。

如释重负的伊因和我们一一握手道别，还特别关照二米"Good Luck!"（一路顺风）。之后的徒步，危险因素虽然减少了，但雨仍一直在下，专业相机成了保护重点，而我们却一个个成了"落汤鸡"。在到达终点的时候，我用湿漉漉的小"傻瓜"相机，给威廉和二米在终点的牌子前拍了一张合影。年龄最小的汤米，也如愿以偿地获得了"米尔福德徒步证书"。

八年过去了，每当我们全家聊起这次徒步旅行时，依旧兴奋不已。我们不仅近距离感受到新西兰独特的自然景致，还在极简生活环境中，克服困难、互相帮助地完成了徒步全程。更为重要的是，这次举家徒步旅行，二米学会了理解他人、与他人和睦相处的人生道理。

木屋的外景（上图）
徒步结束，我们的总路程是33.5英里（1英里约等于1.6公里）（下图）

西伯利亚国际列车

难忘的6天5夜

1993年是毛泽东100周年诞辰。曾经有一个西方驻京记者告诉威廉：如果想理解新中国，就一定要了解毛泽东和红军长征。1989年，威廉完成《独步长城》一书的写作、出版和推广之后，一刻也没耽误，翌年我俩就回到中国。他要在毛泽东一生中曾去过的各个地方了解毛泽东，要用双脚感知长征，他还准备写一本书，就是后来出版的《与毛泽东一起长征》。

1990年，我俩计划回国。此前德国柏林墙倒塌，东欧剧变，苏联分崩离析。目睹这些国家的变革非常重要，因为新中国在成长过程中曾受到过它们的影响——这也是威廉写作的一部分内容。

那年8月，我和威廉从英国利物浦出发，一路乘坐火车，途经柏林、华沙和莫斯科，以及蒙古首都乌兰巴托回到北京，历时14天。从莫斯科到北京这一段，我们乘坐的是中俄国际联运列车K4，耗时6天5夜，全程7826公里。因为这趟列车途经西伯利亚，西方旅游指南里把它称作"西伯利亚国际列车"。

29年前的这个夏季，雨水偏多，列车窗外的老天总是沉着脸，有时窗户上满布一层水汽，几乎看不到外面的景色。所以在我的脑海里，西伯利亚、蒙古戈壁长啥样，相当模糊。那会儿，数码相机还不普及，更不要说手机，我们唯一的相机是威廉的"老朋友"、使用胶卷的奥林巴斯，因此留下的照片也就非常有限。在这些不多的图片中，除了途经的车站和列车之外，拍得最多的是与我俩同车的几个乘客，以及列车员。

　　20世纪90年代，乘坐这趟列车的多是外国游客。列车硬卧包间里有上下四张床，除了我和威廉，还有两位男士，一个是德国人路特，另一个是英国人彼得。我们虽然是同吃同住的同路人，但乘坐列车的目的完全不同。路特大约40岁出头，是美国一所大学的教授，应邀前往北京一所大学任教。他能说一口流利的英语、标准的汉语，还会讲俄语、西班牙语……天晓得，他还有什么不会说的语言！彼得则与我们年龄相仿，颇为腼腆，研究生刚毕业，想在参加工作之前周游世界。

　　我们四人每天同一时间睡觉，同一时间起床，同一时间去餐厅吃饭。当列车进入俄罗斯境内之后，一日三餐都是俄餐，而且千篇一律：香肠、黑面包和红菜汤……唯独有一点变化的是香肠的形状，

1990年，我在威廉老家的车站等候去利物浦的火车（左图）
2016年，参加"春晚"的部分旅客和列车员（右图）

今天是圆的，明天是方的，后天是菱形的。天天吃同样的东西真有点倒胃口。列车员老徐和小于对人很友善。一天不到，我们就成了朋友。他两在这趟列车上已经工作多年。从北京到莫斯科，再从莫斯科回北京，他们不理会途经国家的时差，只根据北京时间安排一日三餐（尽管莫斯科时间比北京时间晚5小时）。他们每天自力更生，用电炉子做饭。除了炒菜蒸米饭，还经常包饺子。闻到从列车员休息室里飘出来的香味，我偶尔也会凑过去尝上几口。

在那次国际列车旅行的25年半之后，也就是2016年1月，我俩带着已经15岁的小儿子汤米，又追忆了一把当年的旅程，只是季节不同，方向也相反。这一次我们乘坐的是K3，从北京启程，经过乌兰巴托，到达终点站莫斯科；季节也非盛夏，而是寒冬，窗外一片银装素裹，是"江山一统"的美丽雪景。

当列车经过西伯利亚地区时，人口开始变得非常稀少，沿途往往连续数小时看不到任何村庄和居民，只是在车站附近有几幢房屋，还被厚厚实实的雪压迫着。在千里冰封的贝加尔湖上，偶有一些小黑点三五成群（当我在纪念品商店购买了两件茶杯，看着上面描绘的景象，我才意识到那些小黑点是什么：几个在冰面上钻洞钓鱼的渔民，正坐在鱼箱子上喝着伏特加）。这种苍凉之美都一一定格在汤米那专业的数码相机里了。

当我拿出25年前与老徐和小于合影的照片给薛车长看时，他眯缝着眼睛说："嗯，这是老徐，已经退休了。我爸当车长时，他是我爸的兵。"小薛车长1989年顶替退休的父亲老薛，开始在列车上工作至今。

小薛车长告诉我们，列车上的工作很辛苦，除了时差颠倒，吃饭睡觉不规律之外，冬天的取暖是一个大问题。虽然机车头分别使用电和油，但是在这样的数九寒天，每个车厢的供暖能源只能靠煤炭。的确，每个车厢都有一个煤炉，每隔20分钟，列车员小严就得添一次煤；每隔几个车站，当地人就得用卡车，从火车的两头，给一个个车厢送来煤炭。这种运煤、添煤的活儿又脏又累，难怪汤米在列车上找不到一个列车员阿姨呢。

小薛车长还给我们讲了一些有关这趟国际列车的趣闻：从1956年到现在，这趟国际列车随着时代的变迁，乘客的数量和"质量"也在发生着微妙的变化。最初，它是连接北京和莫斯科最重要的纽带。在人民普遍贫穷的年代，能坐上这趟车的可不是一般人，它曾经被称作"政治列车"。到20世纪90年代，外国游客开始增多，它被称作"旅游列车"。当中国和俄罗斯开始发展贸易时，它一度又被称为"倒爷列车"。现如今，航空发达、速度快，价格还低廉，愿意把时间、金钱和精力花费在这趟火车上的人越来越少了。过了乌兰巴托之后，堂堂的国际列车、原本能乘坐314位旅客的车厢，就剩下二十几位乘客了。小薛车长半开玩笑地说："我们给你们提供的是一对一的服务！"

我们车厢里只有8位乘客：我、威廉和汤米；一对南京的年轻夫妻虫虫和肚肚；两个北师大的同窗闺蜜；还有一个韩国的"奶油小生"（他是后来从另一车厢调过来的。因为那节车厢里就他一个乘客，孤独之极，让我帮他请示车长才调过来）。汤米是唯一的未成年人。

从1990年至今，这么多年过去了，车上的旅客来来往往，进进出出，犹如走马灯。列车员也换了一茬又一茬，然而他们的工作性质和工作状态似乎没有多大变化。汤米很快成了小严叔叔和小刘叔叔的好朋友。他们招呼我去吃饺子，临到下火车时，小严叔叔还做了韭

1990年夏天（上图）和2016年冬天（下图），我和威廉两度乘坐这趟北京—乌兰巴托—莫斯科的国际列车

西伯利亚国际列车

横跨欧亚大陆的K3（北京—乌兰巴托—莫斯科）/4（莫斯科—乌兰巴托—北京）次国际联运快速列车是目前全球里程最长的一趟旅客列车。这趟列车于1959年正式通车，往返运行15636公里，共计13个昼夜近263小时。全程实行分段管理，即北京至二连浩特一段由中国管理，到了蒙古国，由蒙古国的乘警管理。俄罗斯也一样，专门派出俄罗斯乘警管理。作为中华人民共和国成立后开行的第一趟国际联运客车，早年乘坐这趟列车的大多是因公出差的政府官员、代表团、外交官等，车辆的安保极其严格，因此很多西方媒体当时把这趟车称为『神秘的东方列车』。

1990年我们同车厢的乘客，从左到右：我、德国人路特、英国人彼得和威廉（左上图）

2016年我们同车厢（同屋）的乘客，从左到右：虫虫、我、威廉、汤米、韩国小生、北师大的老师、北师大老师的闺蜜、虫虫的丈夫肚肚（左下图）

1990年我们与列车员，从左到右：小于、老高、威廉和我（右上图）

2016年我们与列车员，从左到右：杨车长、薛车长、威廉和我（右下图）

1990年（左图）和2016年（右图），我与威廉在莫斯科红场

菜盒子，专门给汤米送来！

如果你问汤米，在这趟西伯利亚国际列车上，让他最开心的是什么？他一定回答说是"春晚"——我们乘客和列车员自编自导自演的山寨春晚。时间到了1月31日，再过7天就到年三十了，碰巧这天又是新西兰乘客鲁伯特的生日，我们车厢的所有乘客，包括列车员小严和小刘、薛车长和杨车长，还有其他车厢的四位新西兰乘客和列车员，借助为他庆生之际，提前开春晚，过新年。

汤米担任报幕员和翻译，其他每个人都出了节目，有小品、三句半、舞蹈、魔术、流行歌曲和美声歌曲演唱，我表演了"忠字舞"。节目之后还有礼物交换和击鼓传花环节。最后以品尝列车员小严和小刘做的一桌子美味佳肴结束。空荡荡的国际列车上一时充满了欢声笑语。时间如梭，很快列车到了莫斯科前一站，考虑到列车到终点站后大家伙会急忙赶路，可能没有时间合影留念了，于是大家决定在前一站的站台上合影留念，汤米还和同伴们依依不舍地道别。在汤米眼里，这趟列车不仅仅是往返北京和莫斯科的交通工具，它本身就是一个旅行的目的地！

格莱诺基

天然氧吧深度游

2012年是北京雾霾最严重的一年，汤米得了急性支气管炎。为了逃离雾霾，我们全家利用寒假来到新西兰南岛人称天然氧吧的格莱诺基。我们在这里一住就是一个月，给汤米一个"休养生息"的机会的同时，还意想不到地得到了以下"副产品"。

触景生情

格莱诺基是新西兰南岛上一个小得不能再小的地方，距离皇后镇48公里，常住人口仅仅220人。这里景色优美，湖水呈蓝色，四周山峦相连，雪线之上的山峰总是白雪皑皑，即便在盛夏时节也是如此。在晴空万里、风平浪静的时候，蓝天和雪山在湖中的"倒影"与"正像"一模一样，非常神奇。对我们这些热爱大自然、热爱户外运动的人来说，这种地方就是"户外天堂"。

杰米和汤米一来到格莱诺基就想起了老家苏格兰。2011年暑假，我们全家曾用了10天徒步旅行了150公里的苏格兰西部高地步道。这里的山峦形状与苏格兰十分相似，而且在我们徒步的路上，也有一个地方叫格莱诺基。

这个现象是19世纪中叶苏格兰移民来此淘金的结果。这里著名的麦金塔山，就是以苏格兰人威廉·麦金塔先生的姓氏命名的。格莱诺基小镇里所有的街道名称，也都是当年苏格兰人直接从他们家乡照搬过来的。

对我这个地道的中国人来说，触动最深的不是这里类似苏格兰的美景，而是一张地图，一张标出"中国人区域"（Chinaman Flat）的格莱诺基地图。

当时，从苏格兰和欧洲其他地区来此地淘金的人都是举家移民，他们占据着优质矿区，居住条件也相对好。而来自香港和广东的华人大多数是年轻的农民，他们结伴而行，梦想通过淘金挣大钱，然后回家盖房置地，娶老婆养儿子，过上"人上人"的日子。实际上他们不但居住环境差，而且劳动环境更差。他们没有机会开采新矿，总是在已经被欧洲移民遗弃的废矿里捡漏。地图上的这个"中国人区域"就是淘金热期间中国劳工的居住地。可怜的中国劳工年复一年、日复一日地在黑洞洞的隧道里寻找

着他们光明的未来，外面的美景对于他们来说毫无意义。七分之一的劳工因劳累过度，积劳成疾，最后落得一个客死他乡的下场。

身在异国听乡音

在新西兰，二米兄弟的"双语"能力得到了充分发挥，他们不仅可以用英语与人交流，而且流利的中国话也派上了用场。

一天上午，我们正在瓦卡提普湖上荡起双桨，小船在一平如镜的湖水上优哉游哉地前行，四周寂静得只能听到划水的声响。这时，一辆大巴的"突突突"声响打破了这一切，嬉笑声、打闹声由远及近。这是一个来自上海的旅行团，大约有20人。这时已经上午11点，只听导游在高声大喊"哎——看好时间，11点半上车吃午饭！"汤米惊讶地说："他们只有半小时，哪能饱览这里的湖光山色！我真是很幸运的啊！"

格莱诺基不但湖多水静，能垂钓划船，周边还山靠着山，徒步小径纵横交错，我们全家人自然少不了一起徒步。在一次徒步途中，偶遇了四个说华语的马来西亚人。他们让杰米为他们拍照合影，夸奖

汤米在皇后镇的咖啡店遇见台湾朋友温士顿（左）

杰米的华语说得好，比他们还标准，还问是在哪儿学到的。

格莱诺基除了一个信息中心兼小卖部之外，没有超市，所以我们必须每周两次专门去皇后镇采购，开车来回96公里。每次外出采购，中午都会在一个叫作Patagonia的咖啡店歇歇脚，喝杯咖啡或品一杯茶。咖啡店里的二十几种自制巧克力和奶酪蛋糕是兄弟俩的最爱，更何况这里还有免费的Wi-Fi。

记得有一次，杰米和爸爸计划攀登皇后镇边上的本罗曼山，山高1748米，完成时间大约为4～5小时，该计划对于我和11岁的汤米来说困难很大，因此我俩决定待在咖啡店里等他们回来。

这时，一对中国人模样的夫妇在我们旁边坐下，他们身后跟着一个和汤米年龄差不多的男孩儿。能在西方人聚集的地方见到中国人令人倍感亲切，加上语言无障碍，不一会儿两个男孩儿就很开心地玩了起来。我和大人聊，知道他们来自台湾，那个男孩的英文名字与英国前首相丘吉尔相同——温士顿。

孩子的父亲姓姚，夫妇俩带

着孩子住在奥克兰已经十几年了，这次到皇后镇是来参加世界级国际象棋比赛。最初我以为参赛者是姚先生本人，谁承想是这个叫温士顿的孩子。我很好奇他们是如何把孩子培养成世界级国际象棋高手的。

与他们聊天，我总觉得在他们的内心深处有一种焦虑，这与国内那些"不能让孩子输在起跑线上"的父母很相似。而且姚先生夫妇还多了一层焦虑："身居新西兰，非但不能落在'Kiwis'（对当地欧洲移民的称呼）后面，反而要事事比这些洋人强，才能在这个圈子里站得住脚！"姚先生说，温士顿除了超前学好各门课程之外，还要掌握一些特别的本领，如下国际象棋、打跆拳道和弹吉他等等。这两口子在新西兰的主要工作，就是"陪读"！

中国移民潮

2月6日这天，平日里少有人气、只听得见狗叫的格莱诺基一反常态地沸腾了。从傍晚开始，一直持续到凌晨两点，家家张灯结彩，户户欢声笑语，好不热闹！好奇的

格兰诺基的景色

新西兰南岛格莱诺基

新西兰南岛瓦卡蒂普湖北端的一个小镇，距离最近的皇后镇约50分钟车程。小镇背靠雪山，面临大湖，湖泊、山川、草原和牧场基本保持原生态，景色壮丽，能充分体会到100%纯净的新西兰。小镇还因电影《魔戒》三部曲里的很多场景都在这里取景而闻名于世。

格兰诺基的景色

汤米在清澈的溪水里洗脸（左图）
小溪的水清澈见底、晶莹剔透（右图）

我们一问房东，才知道第二天是新西兰的国庆节——《怀唐伊条约》签约日。

新西兰的历史并不久远。在不到一千年的时间里，新西兰群岛上生活过两个族群：土著的毛利人和欧洲移民。从1642年到18世纪后半叶，欧洲探险家陆陆续续地来到这个南太平洋群岛探险。第一批来这里的是以船长阿贝尔·塔斯曼为首的两艘荷兰船，他们给这个群岛留下了名字——新西兰。1769年，英国探险船队詹姆斯·库克船长的到来，使得毛利人和欧洲人的接触更多了。随着英法等欧洲移民的增加，与毛利人的摩擦也变得越来越多，流血冲突时有发生。毛利人在与欧洲移民的交往过程中意识到：如果想要获得更多的权利，接受英国人（当时势力最大）管制是唯一的办法。英国人在得到巨大利益的同时，也在思考如何避免因干预毛利人的事务而付出巨大代价。1840年2月6日，在新西兰北岛一个叫怀唐伊的地方，毛利人部落首领与欧洲移民代表签署了《怀唐伊条约》。这个条约的签订，意味着新西兰的建国之路开启。

到了19世纪中期，新西兰的人口结构发生了很大变化，特别是新西兰南岛格莱诺基附近发现金砂和金矿以后，移民潮一浪高过一浪。除了欧洲移民之外，大批的中国劳工也蜂拥而入。

华人区住房

　　1937～1945年间是第二次中国移民热。很多有钱的"难民"为了躲避战争，举家逃到这里。我们的房东肖恩的妻子，就是这个时期随全家移民到来的华裔。

　　最近的一次中国移民热，开始于20世纪90年代，而且一直延续至今。刚开始，许多人怀揣百十块美金就来到新西兰做小生意撞大运。近几年就不同了，来的很多是"土豪"。他们怀揣的可不止"百万英镑"，投资上亿美元现金都是小菜一碟。在这样的情况下，当地的地价、房产和物价被人为地抬高，给当地人造成了很大压力，从而产生了不少的矛盾，甚至是肢体冲突。

第五章

寻根与朝圣

我们从哪里来——寻根之路

美国国家地理频道轰动一时的纪录片《人类之旅：基因的奥德赛》的制作人斯宾塞·威尔斯（Spencer Wells）说："人类所写的最伟大的历史著作，其实就在我们血管里流淌着。"

对于"我是谁？我从哪里来？"这类问题，汤米不仅会问，还善于亲自检验。2018年的某一天，他将他的唾液"打包"寄到美国一家检测DNA的机构。他想知道自己的血缘结构，从而用现代科学的手段检验一下我们这个中西合璧的家族史。

按理说，汤米是我和威廉的儿子，他的血统理所当然是中国一半，英国一半。然而几个月之后，出来的检验结果并非那么简单。汤米的血缘构成：中国占 41.9%，大不列颠及爱尔兰34.6%，南亚7.4%，西班牙葡萄牙2.7%……

其实，这个结果并没有让我"惊"，反而感到"喜"。因为它进一步证实了我们吴家和林赛家族史的真实性。

中国血缘

我是地道的中国人。我和大部分中国人一样，只有三代人的记忆：爷爷奶奶、爸爸妈妈和我这一代。对二米而言，他们对母系最早的记忆里也只有他们的姥姥和姥爷。

2009年11月20日，二米的姥姥在西安病逝，享年86岁。第二年暑假，趁威廉在甘肃拍摄纪录片之时，我自己带着二米回到西安祭拜她。

二米姥姥生前是西安某中学的数学老师。因为她常年体弱多病，不到退休年龄，就离开了课堂。二米姥姥去世后，我们为她实行了"壁葬"，将骨灰盒安放在西安殡仪馆安灵苑的302室。

这是杰米和汤米有生以来第一次祭祀亡灵。我们娘仁端详着骨灰盒上姥姥的烤瓷照片。那张黑白照是二米姥姥52岁时的容貌。她的微笑典雅、睿智而美丽。二米学着我的样子向她深深地三鞠躬，以表达悼念和追思。他俩没有表现出一丝害怕或者极度悲伤，好像姥姥只是刚从他们每年节假日探望的那个家搬到了这里。临走时，他们还和以往一样说："姥姥再见，明年再来看您。"

2017年3月，二米姥爷去世时，安灵苑已经从"城中馆"南迁到西安市郊。两位老人在相隔八年的分离之后又在那里团聚了。

每个中国人都有一个用牛皮

我们一家五口在林赛庄园老房子前。从左到右：汤米、我、威廉、慧婷和杰米

纸做成的个人档案袋，我也不例外。从上学、工作，到入团和申请入党都需要填写各种表格，其中"籍贯"一栏是不可或缺的。我总是填上安徽巢县，因为那是我爸爸的老家。我爸爸的爸爸是个做小买卖的商人。我妈妈的老家离巢县不远，但她的父母是何许人也，从来没有人提及，连姓名都在所有亲戚的记忆中消失了。

我与威廉婚后准备出国，在办理护照时，要求填写的不再是籍贯而是"出生地"。我1957年出生在河北张家口。中华人民共和国成立后的第二年，我爸爸从北京大学物理系毕业，被分配到位于张家口的中国人民解放军通信工程学院，妈妈从安徽老家过来团聚。1958年，听从党的号召支援大西北，爸爸所在的学院整体搬迁到了陕西西安。我在这里一住就是28年。

1987年，我在北京偶遇正在长城独自探索的威廉，翌年我俩在我的户口所在地西安结了婚。尽管我爸妈对这门中外婚姻所持的态度比较开明，但起初还是担心威廉是不是一个英国"间谍"。之后就是

参加林赛家族寻根之旅的部分人员在林赛庄园老房子前（左图）
林赛庄园除了老房子外，还有供佣人使用的住房和活动场所，这条路就叫作"林赛路"（右图）

二米在英国出生，我们一家四口回到北京，在此居住至今。

大不列颠及爱尔兰血缘

与我们吴家截然不同，林赛家族的历史不但悠久，而且延续不断。最早可以追溯到1066年，族谱也一直书写到威廉的大哥大卫。

2019年8月，林赛家族史研究者、威廉的二哥尼克带着我们20人（威廉三兄弟，以及他们的孩子和孙子们）前往苏格兰首府爱丁堡、爱尔兰首都都柏林以及北爱尔兰，找寻林赛祖辈的足迹。

尽管位于苏格兰爱丁堡的King's Wark是这次行程的最后一站，却是林赛家族的发祥地。如今在旅行网站上输入"King's Wark"，会显示一家颇受好评的餐厅，实际上其建筑原址是林赛宫殿，当时生活在此的是托马斯·林赛和他的孩子们。

托马斯是16世纪一位服务于苏格兰国王詹姆士六世（同时也是英格兰国王詹姆士一世，历史上著名的鼓吹"君权神授"的君主）的伯爵，其职位相当于现在的财政部部长，专管税务。林赛宫殿之所以改名为King's Wark，是因为1590年詹姆士一世与他的王后——丹麦公主安妮从挪威回到苏格兰时，由于荷里路德宫尚未建造完毕而在林赛宫殿暂住6天，因而得名。

另一位值得关注的人物是托马斯的三儿子罗伯特·林赛，其时任国王的侍卫队长。每次国王外出，总是派他先行一步，安排膳宿，常常需要亲自品尝食物，检查其是否达到皇家标准。同时他还担任军械监察官，管理皇家枪炮。

1610年，罗伯特·林赛获封爱尔兰洛赫瑞（Loughry）的大片土地，于是从苏格兰利思

（Leith）移居此地，成为林赛家族中第一位洛赫瑞拥有者。从这里开始，林赛家族的这一支，开始在姓氏"Lindsay"中增加了字母"e"，即现在的独特拼写"Lindesay"。据尼克的估计，全球现在带有这个独特拼法的姓氏大概只有几百人，主要分布于英国、美国、加拿大、新西兰，而定居中国的，暂时只有我们一家。

在都柏林，我们参观了圣帕特里克大教堂（St.Patrick's Cathedral）。这一教堂与林赛家族有着很深的渊源，托马斯·林赛（非上文提及的那位托马斯）于1693年在此担任主教。在主教名单中，我们还会见到一个熟悉的名字：乔纳森·斯威夫特（Jonathan Swift）——讽刺小说《格列佛游记》的作者。

林赛庄园位于北爱尔兰的洛赫瑞，占地约1335亩。林赛家族拥有这个庄园共285年，直到1895年"败家子"亨利·林赛将家产变卖，如今这里已成为农业学院的一部分。农学院的大门门柱上，至今仍赫然伫立着林赛家族的天鹅家徽。

主楼呈现着明显的苏格兰风格，以一座三层双连房为主体，两侧各带一座两层独栋房。主楼侧面有一块林赛家徽浮雕，仔细观察能发现浮雕上的左右两侧分别是字母"R.L."和"M.R."，以此纪念主楼的建造者罗伯特·林赛和他的妻子玛格丽特·理查德森（Margaret Richardson）。

离主楼不远处，有一座不起眼的小房子，这便是罗伯特·林赛为他的"哥们"乔纳森·斯威夫特建造、方便他夏日安心写作的"夏屋"。

除了庄园，林赛家族还在洛赫瑞之外留下不少足迹。离庄园不远处有一条林赛街（Lindesayville Road），沿着林赛街走一小段路，能看到一处保存完好的村舍，这是17世纪罗伯特·林赛前来洛赫瑞安家时，为那些跟随着他一起从苏格兰过来的佃农建造的。

南亚、葡萄牙血缘

那么汤米血缘结构中的南亚和西班牙葡萄牙的成分是怎么回事呢？为了搞清楚来龙去脉，杰米在2017年亲赴澳门探寻，找到了答案。

在《在澳门遇到高外祖父》这篇文章中，杰米这样写道：

林赛家族的朋友、《格列佛游记》的作者乔纳森·斯威夫特曾经在都柏林的圣帕特里克大教堂担任主教。寻根人员在他的浮雕前留影

林赛家族的朋友乔纳森·斯威夫特

1713～1745年的32年间，乔纳森·斯威夫特在圣帕特里克大教堂担任主教。这位鼎鼎大名的作家是林赛家的祖辈罗伯特·林赛的好朋友（第四位洛赫瑞拥有者，曾为英国下院议员）。教堂里有一张据说为斯威夫特写作时所用的不太显眼的写字台，正是来自位于北爱尔兰的林赛庄园。200年前，林赛家族将这张写字台捐给了大教堂。

我们吴家。后排从左至右：妈妈、爸爸；前排从左至右：二姐、我、大姐（左图）

威廉一家。后排从左至右：爸爸、妈妈；前排从左至右：大哥大卫、二哥尼克、威廉、姐姐多莉（右图）

今年二月我在广东过春节，期间我前往澳门一日游。这次澳门之行有点特别，我不去逛赌场，也没去购物，而是去找寻我高外祖父在澳门的足迹。

我的二伯父尼克是林赛家族史的研究者。他发现他们奶奶艾丝德瑞丹·克罗斯·林赛的爸爸约翰·克罗斯（葡萄牙名字是Johannes Crescentius dos Remedios）曾经是罗马耶稣会的教士。查阅了梵蒂冈保存的档案，发现他的出生地是中国澳门。于是尼克找到了定居澳门30年，正在做澳门精英阶层研究的历史学者泰瑞萨（Tereza Sena），她研究的人物中间就包括我的高外祖父。

澳门是一个东西文化交汇的地方，几百年来都是欧洲商人到中国内地的必经之地。我来到澳门时，春节气氛还十分浓郁，各式欧式建筑上挂满了大红灯笼。上午11点半，我按时到葡文书局赴约与泰瑞萨见面。她先开车带我转澳门，最重要的是去参观高外祖父家族的大宅子。

1999年澳门回归祖国前，这座宅邸是由高外祖父家族的人当作酒店运营的，名叫Hotel Bela Vista（佳景酒店）。1999年后，酒店便停止运营，如今它成了葡萄牙驻澳门领事的官邸。

翻阅着泰瑞萨随身带来的一摞研究材料，我发现了许多有趣的事情。高外祖父的太爷爷和太奶奶是地地道道的中国人。高外祖父的爷爷经商发财后进入上层社会，他不但改信天主教，还放弃了中文姓氏，改名Antonio dos Remedios（拉丁语）。他与一个中葡混血的姑娘结了婚，生了16个孩子，第四个男孩便是我高外祖父的爸爸。

高外祖父的爸爸英年早逝，把高外祖父养大的舅舅是一名教士，对他产生了深远的影响。高外祖父在圣若瑟修院接受了天主教教育，并在18岁的时候前往罗马，成为耶稣会的一员。他在意大利和西班牙取得了神学和哲学的博士学位。但奇怪的是，后来由于某种原因他改信了英国新教。

高外祖父离开澳门之后，就和所有的亲戚断绝了往来。后来，他与英国姑娘艾米丽·茶格妮尔结婚，他们的孩子都出生于巴西，最后全家移居美国。1911年高外祖父在纽约去世前，在床头陪伴他的是他的女儿——我的曾祖母。

造访哈德良长城——

朝圣之旅

中国有万里长城，英国也有长城——哈德良长城，不过它全长只有120公里，所以我称它为"百里长城"。这座位于英格兰与苏格兰交界处的百里长城是公元122年由罗马皇帝哈德良（Hadrian，公元117～138年在位）命令修建的。

2019年2月23日，中央电视台1套由撒贝宁主持的中国首档青年电视公开课《开讲了》栏目邀请了中国文化遗产研究院院长柴小明作为演讲嘉宾，分享他对长城的研究和感悟。杰米有幸成为向嘉宾提问的六名青年之一。他提出了两个问题，其中一个就是关于英国哈德良长城的。他的问题是：哈德良长城在处理保护和利用的关系方面做得很好，比如，为了满足游人徒步游览的需求，又不破坏长城本体，哈德良长城管理机构在长城边修筑了步道。中国在长城保护方面，是否也可以借鉴这种做法？对方回答：是的，中国文化遗产研究院正在与哈德良长城管理机构合作，研究并解决这类问题。

2005年，我们一家四口

　　杰米之所以能提出这样的问题，说明他对哈德良长城一点也不陌生，我想，这和我们全家多次造访哈德良长城有很大关系。

　　早在1984年，热爱长跑的威廉就和他的二哥尼克用了11个小时穿越了哈德良长城。中途休息时，尼克对威廉说："你小时候总是说要去中国，去看万里长城，现在中国改革开放了，正是去的时候了。"二哥的一席话，重新唤醒了威廉儿时的梦想。两年后，他辞去工作，孑然一身来到中国，从嘉峪关到山海关，独步明长城2470公里，历时78天。1987年，我和威廉在北京相遇，第二年在西安登记结婚，之后，二米分别在1994年和2000年降生。

　　2005年是威廉和尼克哈德良长城长跑21周年。威廉想让我和儿子们感受一下当年他是如何以英国哈德良长城为第一步，踏上中国万里长城徒步征程的，于是，这一年暑假，他带着我们一家与二哥尼克一家人重返哈德良长城，回忆当年哥俩跑哈德良长城的情景。

　　我和孩子们都是第一次亲眼看见、亲手触摸这座2000年前的文化遗产。杰米好奇心特别强，对当年修建哈德良长城的罗马士兵怎样打仗，怎样修长城，怎样守护长城，平时怎样生活很感兴趣。他在兵营澡堂遗址上，想象着当时士兵怎样洗澡，热水和凉水又是怎样通过石头管道流入洗澡间，他还坐在罗马士兵用过的换衣凳上体验了一下舒适度。5岁的汤米则身穿塑料盔甲、手持木头刀剑，兴致勃勃地从一块石头跳到另一块石头上，嘴里不时地呐喊着："杀——嘿——"。

9年之后，当全家人再次来到哈德良长城时，已经不是走马看花，而是"下马"徒步。哈德良长城加上部分道路全程148公里，我们从最东边的起点Wallsend出发，行走了6天，一直走到最西边的Bowness on Solway。一路上时而阳光明媚，时而乌云密布，时而又风雨交加。英国的天气就是这样，如同孩子的脸，一会哭一会笑。

哈德良长城在地面上能看得见的部分仅占总长度的十分之一，保存最好的是在豪斯特兹要塞（Housesteads Fort）。这里有演员装扮成罗马士兵"驻扎"，其

2005年，我们与威廉的二哥尼克一家人一起造访哈德良长城上的军事设施

哈德良长城

　　哈德良长城是一条由石头和泥土构成的横断大不列颠岛的防御工事，由罗马帝国君主哈德良在占领不列颠后所兴建，它与安东尼长城、日耳曼长城（德国长城）共同组成了古罗马的长城体系。哈德良长城的建造，标志着罗马帝国扩张最北界的确立。

　　哈德良长城高约4.6米，宽2.5米，全长118公里，包括城墙、瞭望塔、里堡和城堡等。其中近2/3的城墙用石头砌成，另外1/3用草泥和木材搭建。

1984年，威廉和二哥尼克沿着英国哈德良长城奔跑3天140多公里。图为威廉正跑在哈德良长城最经典地段（尼克拍摄）

中有一段自豪的道白颇有意思："这座伟大建筑从大海的一边延伸到大海另一边。它不是奴隶建造的，而是由我们罗马士兵建造的！"当二米兄弟了解到当年罗马士兵除了修长城，每天还要负重行军5小时18英里（29公里）时，在接下来的徒步行程中就再也没有了怨言，而是打起精神，前进、前进。

汤米第一次来哈德良长城时还是个"小不点"，这次不仅徒步全程，还拍摄并剪辑出一个视频《重返哈德良长城》。里面的音乐采用的是帕瓦罗蒂演唱的英超利物浦足球俱乐部队歌《你永远不会独行》。歌词大意是：当你穿越一场暴风雨，你永远不会独行。抬起头，别害怕黑暗。在风暴的尽头，有金色的阳光和百灵鸟甜美的歌声。穿过风，穿过雨……前行，前行，带着你心中的希望前行，你永远不会独行……

汤米在日记本里还写道："我们遇到最可恨的事是头顶6~7级大风行走；最恼人的是老天爷发怒，雷雨交加，使得相机进水无法正常工作；然而最开心的当然是在风和日丽的时刻，驻足、拍照，坐在墙边享用野餐。我们全家人本来就喜欢徒步旅行，这次沿着哈德良长城的行走，意义更不一般。"

杰米沿路除了拍摄长城美景，还拍摄出我们全家人2005年和2014年的对比照片，也就是说，在2005年拍摄全家福的同一位置，用同一角度摆出同一姿势，拍摄出了一张2014年的全家福。长城变化不大，人的变化却是显而易见的：孩子们长高了，而我们的头上，则增加了不少白头发。

杰米在日记本里对英国的哈德良长城和中国的万里长城做了比较，并总结出万里长城可以向百里长城借鉴的几点：

1. 哈德良长城采用了"只加固，不复建重建"的方法；

2. 只有部分地段游人可以在上面行走，大部分长城旁修建有小路和其他辅助建筑，供游客近距离参观时使用；

3. 长城附近设立保护区（长城两边5公里处）。在保护区内，管理部门要求农（牧）民保持原有的生活方式，房屋保持原有的样式（可以改成小旅馆），并为此向当地农（牧）民提供补偿；

4. 在哈德良长城的每个信息

2019年夏，二米像当年的威廉和尼克那样沿着哈德良长城奔跑

二米在沿哈德良长城长跑途中查看地图

2014年，我和二米在哈德良长城徒步途中

中心（商店）都赠送《乡村之约》的粘贴画（或卡片），向游人宣传尊重当地人的生活方式，不乱扔垃圾，保护长城沿途的环境。

2019年7月20～28日，我们全家五口（杰米和慧婷结婚了）应哈德良长城管理机构的邀请，踏上了"哈德良长城朝圣之旅"。所谓"朝圣之旅"实际上是每10年由哈德良长城管理机构组织的哈德良长城研究成果展示活动。这已经是第14次，第一次是在140年之前的1879年。

二米兄弟还利用这次造访哈德良长城的机会，用了3天时间，按照当年爸爸和尼克的长跑路线，跑完了整个哈德良长城。

其实，造访哈德良长城对我们一家人来说，意义远远超过考察研究、寻幽探古、挑战自我等。因为没有哈德良长城，威廉就不会不远万里来到中国，我和威廉就不可能相遇相识，就不会有二米的出生，也就没有我们林赛一家子。从这个意义上讲，对哈德良长城的每一次造访，都是我们全家真正的"朝圣之旅"。

第六章

把世界带回家

如何留住

旅行的记忆？

　　我常想，近20年带孩子旅行的经历是非常珍贵的，应当好好保存起来，这样一来，不但可以经常讲给孩子们听，孩子们也可以拿出来自己看。我希望，这些不一般的生活经历会成为他们今后生活的一部分。

　　留住旅行记忆的方式有多种：保存照片、记日记、保留旅途中的物品（机票、车票、门票等），还有将旅行中学到的东西运用在日常生活中等。我很自豪地说，我做得最好的可能是旅行图片的保存。

　　杰米8岁开始就对摄影感兴趣，这些年来也出过不少好图，参加过一些摄影比赛，个别图片还用在了《华夏地理》杂志和《50件长城文物》一书中。几年前，我俩聊到摄影时，我问他："摄影有什么意义？"他不假思索地说："记录生命的瞬间。"我接着问："如果你拍完照片以后，一不留神把储存卡丢失了，或者电脑里的文档杂乱无章，死活找不到，那么你'瞬间的记录'不就瞬间消失了嘛。"他无语了。

　　我觉得，如果说摄影是记录生命的瞬间的话，那么照片的保存则是记录生命的轨迹。但应当加以说明的是，照片的保存，不是说将照片冲洗出来之后，随手扔进抽屉里了事，或者干脆一股脑拷进电脑就万事大吉。事实上，照片的保存是一种烦琐无趣的工作，也是一门被常人忽略的艺术。我正是在这方面下了一点工夫。

　　1987年，我在北京一家外企工作，和大多数国人一样还没

我写这本书的依据有这样几个：自己的记忆和日记、威廉的记忆、二米的日记、当时拍的照片。所以相册里的照片对我尤为重要

有一台属于自己的照相机。如果亲朋好友欢聚一堂，我们会就近去一个照相馆拍个"全家福"；如果需要证件照，或者想"臭美"一下，也同样要劳驾照相馆的师傅。不过，自从我和威廉认识以后，这种情况就发生了变化。

威廉来自照相机发明先驱们故乡之一的英国，拥有照相机的时间要比我早很多。1967年，当威廉还只有11岁的时候，就开始用自己的柯达相机为家人拍照了（他曾经拥有两款相机：Kodak Brownie和Kodak Instamatic）。每次跟父母外出度假，妈妈都会给他买一盒柯达胶卷。21岁时他开始了周游欧洲的旅行，从那时起也有了自己第一台比较专业的照相机——日本的奥林巴斯Olympus35RC。他来中国探险长城时，随身背挎了两台奥林巴斯专业相机（其中一台Olympus OM2跟随了他35年），使用的都是负片或者反转片。我用图片保存"生命轨迹"就是在1987年5月我们俩第一次去香山踏青开始的。

当时能够冲洗彩色照片的只有为数不多的几家日本富士和美国柯达图片社。据说富士胶卷适合拍景观，而柯达拍人物比较出彩。威廉来中国是探险长城，当然拍摄的照片也是以景观为主。我俩经常去冲洗照片的图片社位于当时我上班的国际大厦一层，名字很美：玉兰花，专营富士胶片洗印。在认识威

廉之前，我的照片大多数是照相馆的黑白"作品"，彩照少得可怜。从"玉兰花"冲洗出来的人物照片也和玉兰花一样美丽。为了保存好这些漂亮的照片，保留住这些美好的记忆，我把每次拍摄的照片都冲洗出来，按照时间顺序放入4R尺寸250张的相册里，一年又一年，一本又一本。35年，35本美好的记忆。

随着两个儿子先后出生，威廉的工作也全部转到长城探险、研究、宣传和保护上，我们的生活也相对宽裕了一些。小儿子汤米一岁半以后，我们一家四口每年利用寒暑假出国旅游，足迹遍及除了澳大利亚和拉丁美洲之外的地区。然而，如何保管好这些旅行点滴又成了问题：是与"生命轨迹"结合起来，还是分门别类？加上2000年以后我们有了数码相机，除了拍摄长城时仍使用胶片相机外，日常的"家庭生活照"都使用可随意拍照和随时删除的数码相机了。可是拍摄的照片多了，保存的反而少了。我一时又不知如何应对这种多而滥的局面。

旅行，去的是不同的国家，有着不一样的景观和风土人情。把照片按照旅行的时间和地点等分类，于我而言，既可以自成体系，又可以游离于"生命轨迹"之外。所以我最后决定，将每次旅行的照片全部存入电脑，再分门别类地管理，除此之外，还单独挑选和冲洗出

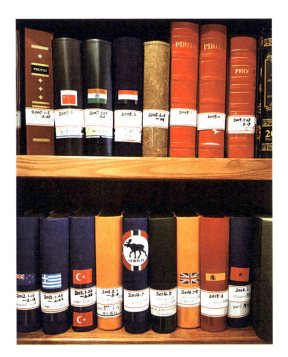

我的相册分为"日常"和"旅行"（或事件）。"日常"只有时间，"旅行"则既有时间，也有地点

250张纸质照片，放入相册里。就这样，时至今日，我已经满满当当地装了六十几本这样的相册，加上和威廉一起做环保活动的照片相册，我已经有了一个颇具规模的"图片资料库"。它的结构有点像一棵大树，中间一根主茎就是我的"生命轨迹"的主线，左右两旁的枝叶就是跟随这个主线一起发生的"事件"（包括旅行、研究项目，甚至有时只是一个事件的记录，比如2008年北京奥运期间发生的事情）。

30年多来，我所取得的"成果"虽然没有什么商业价值，但却带给我极大的心理满足。每当亲朋好友造访时，我能够信手拈来地拿出和话题相对应的图片，好像在给一本书的文字配插图那么自如和贴切。我觉得要做到这一点不困难，也不容易，虽然不需要航天技术，也不需要MBA商业管理文凭，但需要一点点耐心，一点点细心，和一点点对人生的感悟，仅此而已。对我来说，每次利用很少的时间，花费不多的钱财，再经过"无趣"的劳作，换来的却是上万张照片、上百本相册和35年来的珍贵记忆。

当然，如今照片的保存方式已经不仅仅是纸质一种了。随着观赏图片的载体和方式的不断更新换代，它的保存、处理和使用的方式也五花八门。无论如何，只要适合你的生活方式和生活习惯，能将你的生活的每一瞬间永久地保存下来，任何方法都是值得尝试的。如果过去你忽略了，还可以从今天开始——不管是把承载着你幸福和成功的照片传输到看得见、但摸不着的"云端"（iCloud）上，还是将它们冲洗出来放入传统的相册里。

从汤米的第一本旅行日记想到的

February 27th, 2008

Dear Tommy,

I have read your travel diary and I enjoyed looking through the pages and seeing all of the lovely stickers, postcards and ticket stubs that you have placed in it .

You have done a wonderful job of keeping a record of what you did in Egypt. I felt like I was on the journey with you while reading your notes.

Tommy, I am very proud of your work and I hope you can keep up with your writing. Imagine reading this five to ten years from now. It would be very interesting.

Thank you for sharing this with me. Great work!

（注：老师在这里贴了一个大大的金色星星）

Ms. Tracy

这是汤米在芳草地小学上二年级的时候，他的英语老师特雷西女士看完了他的《埃及旅行日记》之后，写给他的一封信。这封信现在就粘贴在这本日记的扉页上。汤米的这本日记是2008年全家人第一次去埃及的时候完成的。那时，他不到8岁。

我们家有个老传统，利用寒暑假周游世界，并且在旅行中，每个人都要用英文（或中文）写日记，并且给在英国的亲朋好友寄送明信片。哥哥杰米从2002年第一次出国旅行开始，到2008年，已经积攒了好几大本日记。

汤米在他的《埃及旅行日记》的第一页、第一行是这样写的：This is my first travel diary. （这是我第一本旅行日记）

接下来的一页，是汤米为本次旅行列出的需要准备物品的清单：

Get Ready to go!（准备好了就出发！）

My packing list（我要准备的东西）：

1. Playing Things: Game boy and NDsi card （玩具：游戏机和NDsi卡）

2. Clothes: T-shirts, Long

shirts, Sweater, Long Johns, pants, underpants , socks, jacket（衣服类：T恤、长袖衬衫、毛衣、长衬裤、罩裤、内裤、袜子、夹克衫）

3. Other things: School books, Pens, rubber, ruler, pencils , pencil-sharpener, school bag（其他类：学校的必读书、钢笔、橡皮擦、尺子、铅笔、转笔刀、书包）

Don't forget: passport, camera, money（不能忘记的东西：护照、相机和钱！）

再往后翻，会给你一种感觉：汤米的这本"日记"，用文字"记"的内容很少，说准确点儿，应当叫"日贴"，因为里面大都贴的是飞机票、汽车票和船票等各种交通票据，各种旅游景点门票，各种音乐会和歌剧的入场券，各种明信片、粘贴画，以及汤米拍摄的风景照和本人照片，只有汤米画的一张关于那次旅行如何从英国去埃及的路线图和金字塔内部结构图，以及斯芬克斯——狮身人面像，恐怕可以算作他的创作。

在我看来，汤米的这本日记很幼稚，只能说是一本粘贴簿，算不上日记。然而，特雷西老师对只有7岁半的汤米的赞赏话语，即使在今天读起来都很亲切，令人备受鼓舞："你能把在埃及旅行的点滴记录下来，真的很棒！我感觉我在跟随你的日记与你同行。"

特雷西老师在信的结尾这样写道："汤米，我为你所做的事感到骄傲！想象一下，5年、10年之后再重温这本日记，那将是多么有趣儿的事！"

掰掰手指算一算，已经13年过去了。

汤米做完他的第一本旅行日记之后的13年里，我们全家又陆续一起去内蒙古和东三省自驾游，去约旦寻找世界上最古老的马赛克地图，去耶路撒冷领会三大宗教的发源地的奥秘，在新西兰南岛行走世界上第一条徒步路径——米尔福德小径，在希腊感受古老的奥林匹克精神，在意大利与文艺复兴时期的雕塑家同住一个屋檐下，在西班牙与现代绘画大师毕加索对话，感受历经百年仍未竣工但已成为世界文化遗产的高迪设计的圣家堂……近两年，我们还对战斗民族俄罗斯的文化情有独钟，全家乘坐飞机和国际列车两次进入莫斯科和圣彼得堡。

因为有了这么多的经历、经验和见闻，汤米旅行日记的内容

杰米在酒店里写日记

也就一年比一年丰富精彩，记录方式也越来越多样化了。

我们首先鼓励汤米多写字，哪怕是抄写也可以。因此，在汤米后来的每个日记本里，都有从《孤独星球旅行指南》里摘抄出来的所到之处的历史、地理和人文背景介绍。汤米还为自己拍摄的每张地理风光、人文建筑照片配上图片说明。

我们一家在每结束一个国家的旅行之前，都会聚集在一家咖啡店或者我们的临时居所举办Quiz（知识竞赛）。每个人都要

提出10个问题，还要对其他人可能提出的问题做好准备。这种方式也给了汤米一个重新梳理旅游过程，练习英文表达（包括书面和口头）的绝佳机会。

最难的应当算命题作文了。虽然汤米只是在记日记，没有"立意"之类的要求，但是要描写好一个场景，也并非易事。比如：2012年汤米在新西兰皇后镇的瓦卡普湖里钓鱼之后，写了一篇有关钓鱼的日记。从渔具到钓鱼技巧，再到钓鱼过程，都涉及很多专门词汇，所以汤米在写这篇短文之前，首先把文章里可能要用到的字词都集中起来：fish, rod, bait, lure, water ,to cast, reel, board, boat, life-jacket, boat shed …

汤米在特雷西老师的鼓励下，坚持不断地记录着每次旅行。今年9月，他已经在北京大学国际关系专业学习四年了，单飞旅行的次数越来越多，但是已经形成的记日记的习惯始终没有落下。

从汤米的这个经历，我总结出让孩子爱上写日记的几点经验：

1. 日记的形式和内容，要根据孩子年龄的大小来决定。如果孩子年龄很小，你要求他/她写几百字的日记，可能难为孩子了，

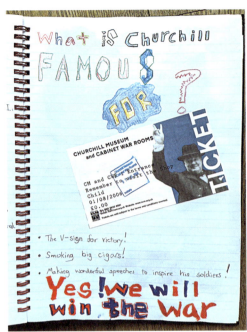

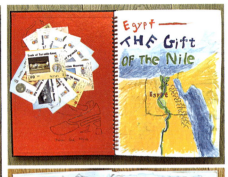

二米兄弟的部分日记本

而且也会让孩子很快失去兴趣。你可以从粘贴开始，比如机票、车票、门票等；也可以从绘画开始，比如画个金字塔、骆驼等；你还可以用提问的方式，让他用简单的文字和绘画来作答，比如：埃及的国旗是什么样子的？请画下来。再比如：埃及有多少人口？尼罗河从哪里开始？到哪里终结？路经哪些国家？至于大孩子，则可以要求他多写，或是写命题作文。

2. 督促孩子记日记，要给孩子一个他们喜欢的环境，比如咖啡店等。因为做一件事容易，但是坚持每天做很困难，有时还得靠"贿赂"来让他们完成任务。比如允许他们做完当天的日记，就可以喝热巧克力，或者得到他们想要的东西，等等。

3. 旅行回来之后，要把路途中拍摄的图片冲洗出来，让孩子贴在日记本上，并且把遗漏的内容补齐，然后想办法展示出来。当年我们是把孩子的日记本交给班主任老师或者英语老师，老师会在课堂上朗读，还会在老师之间传看，这样对孩子是一个极大的鼓励。如今展示的渠道更多了，可以在朋友圈、公众号等自媒体里发表。

最珍贵的旅游纪念品

不一定是最贵重的

与大多数旅游者一样，我们每次带孩子出游都少不了给孩子买当地的旅游纪念品，这些纪念品大都是各式玩具、冰箱贴、茶杯和各类小摆设，有的贵有的便宜。时间一长，玩具玩完就丢掉了，其他东西虽然依然挂在墙上、摆在桌子上，但如果不是朋友来家时偶尔炫耀一下，平时谁也想不起来再多看一眼。但这么多年来有一样旅途中带回的礼物，避免了普通礼物被忽视的命运，成为孩子们最珍爱与喜欢的，那就是我们去内蒙古红花尔基旅行时当地朋友赠送的沙地樟子松树苗。

2009年暑假，我们全家用22天的时间，以自驾行的方式游走了内蒙古和东北三省，行程6737公里。旅行的路线是：北京—河北张家口—内蒙古呼和浩特—内蒙古东乌旗—内蒙古红花尔基—内蒙古呼伦贝尔—黑龙江哈尔滨—黑龙江齐齐哈尔—吉林长春—吉林长白县—辽宁沈阳—河北秦皇岛—北京。

这是一次让孩子们长见识的行程。行程的第八天，我们来到内蒙古鄂温克族自治旗境内的红花尔基国家公园。这个公园位于呼伦贝尔草原南部，横跨鄂温克族自治旗和新巴尔虎左旗行政区，西部与蒙古国接壤，地处大兴安岭与呼伦贝尔草原之间的山地与高平原、森林与草原的过渡带。这里生长的沙地樟子松林是亚洲最大、我国唯一集中连片的樟子松母树林带，是国家"三北"防护林的第一道屏障。林区面积59.8万公顷，由红花尔基林业局管理。

这次一家人来到红花尔基国家公园，不是从网上或旅游指南书里查到的旅游攻略，而是"有缘千里来相会"。

因为威廉倡导长城环境保护，并常年身体力行捡拾长城上的垃圾，2004年受邀参加了一期央视三套的节目《真情无限》。这是一档集娱乐和公益于一身的节目，通过拍卖歌星、影星和社会名流的个人物件，如乐器、文具、绘画、

书籍之类，最后以现金或实物的形式捐助给自然和环境保护人士。威廉现场得到两万元，作为他支付长城环保员两年的活动经费。来自红花尔基林业局森林公安局的韩政委和殷局长，则获得了一辆用于巡视森林的吉普车。从那时起，威廉就与这些护林卫士们成了朋友。

红花尔基林业局为了保护和利用好这片松林，于2000年建立了国家公园。这里景色优美，有绿草茵茵的山坡、茂密的树林和水质清澈可见游鱼的湖泊。我们一家人，就住在靠近湖边的一个小

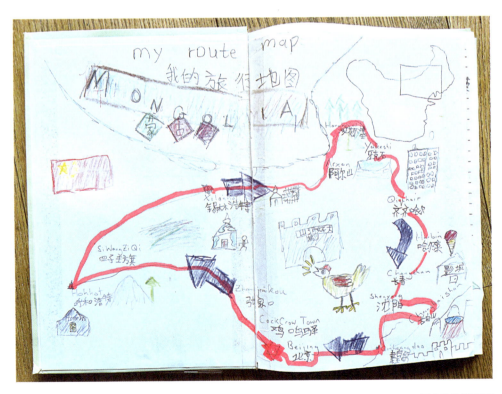

汤米的旅游地图

二米收到了殷局长赠送的三棵樟子松苗

站在瞭望台上查看是否有火情，是当地林业民警的重要工作之一

樟子松林里静悄悄

木屋里。小木屋内设施简朴，四张床围成一圈，中间一张方桌。二米可以在这里读书、写日记和玩游戏。走出屋外，就进入了森林。漫步在松针铺地的林间小路上，听到的除了鸟的叽叽喳喳声和小松鼠的蹦跳声，就只剩下自己沙沙的脚步声了。

二米在这样的环境中显得格外兴奋和专注。汤米喜欢对樟子松的形态和生长状况一探究竟。他或是仰头测试樟子松的高度，或是用双臂环抱一棵树猜测它的树围，或是抠掉树干上灰褐色的树皮，或是用松果引诱在林中上蹿下跳的小松鼠。

杰米的相机也派上了大用场。他把这里的山湖美景、一草一木都定格在他的镜头里。当小屋周边的活动不能满足他的需求时，他就换上跑步鞋，沿着林间小道撒欢儿，一跑就是几公里。

  我们一家在这里连续住了三个晚上。让我们留下深刻印象的不仅是这里的美景，更是森林公安人员对这片稀有森林的精心守护。

  樟子松林最凶恶的敌人莫过于雷电引起的森林火灾。虽然扑救火灾有着诸多方法：用水降低温度，用灭火器减少氧气含量，或挖掘隔离带阻断燃烧物，但最最重要的还是"防患于未然"，也就是要提早发现火灾隐患，尽早消灭其可能性，或尽早发现火

在这样空气清新、安静的环境里，
每个人都会有创作的冲动

情，及时组织扑救，把损失降到最低。于是一年365天不间断地巡查樟子松林，就成为以殷局长为首的当地森林公安的艰巨任务。

有一天，殷局长专程带着我们一家参观林区。他开的就是当年获捐的那辆巡视吉普车。

我们爬到山坡的最高处，首先看到的是森林公安用于观察火情的瞭望台。再向四周张望，虽然感受不到"一览众山小"的壮阔气势，但俯瞰一望无际的樟子松林，仍令人倍感胸襟豁然开朗。可以想象森林公安人员每天必做的就是"遥望"，这工作平凡但又如此重要，一旦发现火情，他们就会紧急出动、奋不顾身地扑向火海。

从山坡上下来，殷局长带我们去参观了一片几年前因雷电过火的树林。杰米在日记里这样写着：看着这片被烧焦的树林，那些只剩残肢断臂的树干，我感到痛心疾首。因为等这些树木再从

小苗长大成材，又得三四十年。

在我们离开红花尔基林区的当天，韩政委和殷局长都来给我们送行，他们还给二米带来了惊喜：三棵沙地樟子松树苗！大的那棵到杰米的膝盖，小的才有汤米的巴掌大。两个孩子欢天喜地，唯一担心的是这些小树苗还得随我们走完接下来的3000多公里的旅程，10天之后才能"入土为安"。

来自樟子松故乡的三棵树苗最终安全地移栽到北京怀柔长城脚下的长城学校的院子里，只是后来的命运各有所不同：种在庭院正中间的那棵因为光照充足，苗壮成长，长势最好；栽种在北房前水泥路边上的那棵长势缓慢，大概它不仅要强伸根系寻找水源，身后的丝瓜棚也在夺走它宝贵的阳光；而巴掌大小的那棵就命运凄惨了，它孱弱的躯体抵不过病虫害的无情侵害，最后一命呜呼了。

汤米正在把一棵樟子松苗栽种在北京怀柔区长城脚下的院子里（左图）
从红花尔基来北京的樟子松苗，经过10年的生长，已经长成大树（右图）

　　一晃十多年过去了。杰米27岁了，北大历史系毕业已经快四年；汤米21岁生日刚过，也开始在北大国际关系学院上大四了。存活的这两棵樟子松，在异地他乡生活得也不错。那棵占了天时地利的树苗如今已有一米八八的杰米的两倍高。与葫芦棚争夺阳光的那棵，也长到了身高一米八五的汤米的肩膀。十几年来，孩子们精心呵护着这两棵沙地樟子松，为它们浇水、除草、制作挡风墙。每当看到小松树，孩子们都会想起2009年在内蒙古樟子松林里的经历和感受，想起殷局长、韩政委等人为了保护三北防护林，保护我国唯一的樟子松林所做的努力与奉献。

　　十几年来，小松树陪伴孩子们一起成长，见证了我们保护长城的每一次公益行动，见证了来长城学校实践的大中小学生每一次捡拾长城和山野垃圾的行动，见证了二米的成长过程……樟子松，成为我们获赠带回家的最有意义的旅游纪念品。

用韦奇伍德茶具

品茶 /

我家的韦奇伍德茶壶

　　2017年，我们全家五口（我们的新增家庭成员——杰米的新婚妻子慧婷）第一次"游遍英伦"，其中有一天的行程是参观韦奇伍德瓷器工厂和瓷器博物馆。这里出产的韦奇伍德瓷器，虽然没有中国景德镇瓷器历史那么悠久，但是我们对它喜爱有加。因为它质量上乘，创新不断，加上它的创业故事独特，我们少不了购买上一套带回家。

　　在英国，每个家庭都以拥有"韦奇伍德"（Wedgwood）而感到荣耀，"拿出韦奇伍德"——这种说法，就像为了给人留下一个好印象而穿上"周日礼服"（一个人最好的衣服）一样。

　　在威廉的孩提时代，每当家里要来什么亲戚朋友，他的父母总会从玻璃橱柜里小心翼翼地取出韦奇伍德茶具，再用上好的红茶、三明治，以及自制糕点来招待尊贵的客人。威廉家这套茶具的历史并没有那么久远。那是一套米黄色调的茶具，出产于20世纪60年代韦奇伍德的巴拉斯顿工厂，也就是我们这趟"游遍英伦"时所参观的工厂。

　　韦奇伍德从1759年起就开始制作茶具，它的创始人乔赛亚·韦奇伍德发现和发明了多种陶器和瓷器的制作工艺，从而成为英国的杰出人物。"jasper ware"（浮雕玉石系列）就是他发明创造的独特工艺，没有借鉴其他任何人的成果。这类瓷器将浅蓝色、鲜绿色和黑色融入整个瓷器当中。

乔赛亚·韦奇伍德不仅是一个优秀的科学家和艺术家，也是一个了不起的发明家和精明的商人。直白地说，他就是陶瓷界的斯蒂芬·乔布斯。他的发明被其他人追随和拷贝。连他自己也没有想到的是，他的名字会进入英国成千上万个寻常百姓家，并且名扬海外，甚至在他去世之后仍然一如既往。

在北京，我们的家里也有一套韦奇伍德茶具，颇具东方色彩，名叫"蓝色暹罗"。这是我和威廉20世纪80年代末，一件两件地分别购买，最终才凑成的一整套。因为一整套这个品牌的茶具有72件，价格非常昂贵，我们一时半会儿买不起，所以我们得一点点攒钱，一件件凑齐。最开始，我们先买了几件茶杯和茶托喝茶，之后配上几个盘子，可以在喝下午茶时，品尝司康饼，再后来，是"投资"茶壶，一只茶壶至少得300英镑（相当于2500元）。几个月之前，我不小心打碎一个茶壶盖，威廉心疼了半天。韦奇伍德一直都以品质精美但价格昂贵著称，这也是为什么一般老

韦奇伍德博物馆展示的该厂生产的中式瓷器

用我家这套韦奇伍德的"蓝色暹罗"喝下午茶（左上图）
韦奇伍德品牌的创始人乔赛亚·韦奇伍德塑像（左下图）
在我60岁生日之际，威廉给我买了韦奇伍德出品的"维纳斯"（右上图）
"jasper ware"（浮雕玉石）是韦奇伍德先生发明创造的新工艺（右下图）

百姓不能天天使用这种瓷器的原因。希望今后这种状况能够改变。

韦奇伍德的产品首先供应给皇亲国戚，后来社会的中产阶级也可以享用，时至今日，英国每个家庭都能够拥有一套这样的茶具。当你与女王一起喝茶时，那一定使用的是韦奇伍德茶具；当你与英国大使共进晚餐时，那一定也是用的韦奇伍德盘子。

如今有些英国年轻人结婚时，会列出一个"礼单"（他们想要的礼物清单），韦奇伍德茶具一般都会赫然在列。韦奇伍德瓷器之所以经久不衰，其主要原因在于其产品的生产、销售和管理方式总能与时俱进。尽管也经历了财务困难时期，但是通过现代的产品设计，有效的工厂管理，这一品牌最终起死回生。韦奇伍德最新的、最时尚的收藏系列是由薇炳·王和加斯珀·孔仁创作的。从韦奇伍德博物馆的展品可以看出，韦奇伍德品牌不再仅仅只有那些漂亮的、描绘花花草草的茶杯与茶壶。

英国人喜欢喝茶，与他们逐步制出高品质的茶有关。茶来自印度、斯里兰卡和与其交易的产茶国家。之后，他们制作、改进、分类茶叶，使得茶的成色更加优良。

最初往茶水里加糖，是为了让孩子爱喝。后来，人们为了增加蛋白质和维生素，又往茶里面添加牛奶，喝起来既爽口又健康。由于牛奶需求增加，开垦荒岛养牛的数量也随之增加。一杯甜奶茶不只是物件和饮品，它实际上讲述了一个世界性的故事。

乔赛亚·韦奇伍德本人在这个茶故事里是一位主角。他使得倒茶、加牛奶和取糖的体验更有美感。我不得不承认，在办公室里泡一杯极其普通的茶，如果用上设计精良、质地优良且魅力无穷的韦奇伍德茶具，那喝到嘴里的感觉都是不同的。

在工业革命之前，除水之外，英国人最常喝、喝得最多的是啤酒。对务农的人来说，挖土、播种和收割，喝上一些啤酒不影响干活。但是如果没有茶的加入，工厂里的工人也照样醉醺醺地操作机器的话，那结果可想而知。

在大英博物馆用100个物件讲世界史的展览中，就有一套茶具，其中包括了茶杯、糖碗和牛奶罐。尽管这套茶具并不怎么古老，价值也不怎么高，但它与那些残破的陶器一样，向人们讲述着英国和世界的历史。这套茶具就是韦奇伍德。

汤米自制『巨石阵』

2014年暑假结束，杰米回到北大历史系读书，汤米也继续在北京市第55中学上学。一天，汤米回家说美术老师要求每人做一件手工作品，并且在班里发表一个小演讲。该做什么好呢？

如同往常，全家人在怀柔长城脚下的家度周末。大山里有汤米最喜欢的东西——树枝，将这种原材料像变戏法一样做成弓箭、红缨枪、手杖、捉野兔的陷阱，是他的拿手好戏。或者也可以试试用来做老师要求的手工作品？

汤米想起刚刚去过的英国著名的巨石阵，开始琢磨着是否可以用这些树枝做一个"微木阵"。于是，他说干就干。把粗树枝锯成长度相同的木段，用砍刀将这些木段劈成形状与巨石阵里的巨石相似的木块，再把木块涂上灰色油漆，用万能胶粘在我们家的一个切菜板上，再在粘好的"微木阵"边上涂上代表草地的绿色，最后用英文写下一段赞美巨石阵的名人名言，他的手工作品就完成了。后来，听汤米说他的作品和演说都受到了老师和同学们的欢迎。我这个当妈妈的当然也挺高兴——至少没有白搭上一个切菜板。

巨石阵在太阳初升前后的景色

关于巨石阵，威廉曾经写过一篇文章，娓娓讲述2014年全家在那里观看日出的故事：

在只有6000多万人口的英伦三岛，每年参观巨石阵的游客人数竟高达100万！如果以这种"人口比例法"来计算北京八达岭长城的参观人数的话，那么，八达岭每年接待的人数就不该只是这"区区"800万了，怎么也得2000万啊！怎么会有这么多人为一睹这些"东倒西歪"的石头而争先恐后呢？不过，想想看，如今哪儿还能找得到史前的建筑物呢！这么看，也就不难理解了。

对于大多数人来说，能与如此巨大的、古老的石头为伍是一件幸运的事，甚至是一个梦想。1964年，我第一次由大人们领着来到巨石阵前，给我留下的记忆就再也挥之不去。那时我刚8岁，浑身上下有着使不完的劲儿。为了消耗能量，我在每一块够得着的石头上爬上跳下。这一经历根植了我对石头建筑的喜爱，直到今天依旧如此。

三年前八月的一天，记得是个星期六。早已成家立业的我带领一家四口回英国探亲。在开车

路过巨石阵时，我说："咱们进去参观一下吧！"我没有刻意计划，自己做向导，期待着将我儿时的体验带给家人。

然而，巨石阵周围人头攒动、人满为患。如果说巨石阵如同巨兽被铁栅栏关住，倒不如说我们这些人类是来打搅它们的"洪水猛兽"。我们转了好几圈才找到停车位，而且，不许与巨石阵"亲密接触"的规定，也让我们只能远距离地张望着这些巨石。多么令人扫兴啊！无奈，我只好给孩子们买了冰激淋作为小小的补偿。

后来我买了一本书，名叫《伟大的考古学家》，其中一张1827年的精美绘画《巨石阵》吸引了我。那是一个雷阵雨过后的场面。一束束光在阴暗中寻求出路，洒落在这些或站立或躺卧的巨石和一位独行者身上，石头上、草坪上遍布着有形有状、有棱有角的阴影。

这是英国著名的风景画画家约翰·康斯太勃尔的作品。正像同时代的诗人威廉·华兹华斯和塞缪尔·柯勒律治用文字捕捉乡村的寂静平和，以及个人的经历感受一样，约翰·康斯太勃

漫天霞光下的巨石阵

尔擅长用画笔描绘乡村，捕捉浪漫——这些身处工业革命时期的艺术家们宁肯远离城镇和嘈杂的人群。

经过精心计划，2014年暑假，我打算再次带领全家用康斯太勃尔的视角，欣赏他在巨石阵上留下的光线，感受他的孤独与沉默。但是，我并没有带家人去伦敦，品味他在维多利亚暨阿尔伯特博物馆的原作，而是亲自造访了巨石阵。

巨石阵现在由英国遗产保护机构管理，并为那些能够早起的游客提供一项特殊服务："日出一小时游"。就是说在日出前后，允许游客走近巨石，并且于其间漫步一小时。这比起和其他游客一起排着缓缓向前蠕动的长队，且只能从远处张望来说，不知要好上多少倍。我们一家都是"早鸟"，而且半年之前我就已经预订好了这项服务。

为了方便起见，我预先找到一家当时我能够找到的、离巨石阵最近的B&B民宿（提供早餐的家庭旅馆）。它位于巨石阵30公里外的迪韦齐斯（Devizes）镇。晚上9点我们就更衣就寝，早晨4点就爬起来。店主头天晚上已经为我们准备好了自助早餐。狼吞虎咽之后，我们进到车内，开足暖气，披星戴月地在索尔兹伯里平原上奔驰起来。在黑暗中、在不熟悉的乡间道路上开了20分钟，天麻麻亮了。当我们到达巨石阵信息中心时，东方开始破晓。只有一辆车排在我们前面。

一个身穿带有荧光条制服的男士过来和我们打招呼。我递上手机里的电子门票，被允许将车开进一个空旷的停车场。上次不愉快记忆中的老信息中心早已关闭并且拆除——它不仅过于陈旧和狭小，更重要的是距离巨石阵太近，只有几百米。新近实施的巨石阵保护规划，目标放在保证巨石阵不受"视觉污染"上，让这些史前的石头们在索尔兹伯里平原上拥有一个开阔的野外空间。早上6点5分，我们与其他22名游客乘专用巴士，前往距新信息中心2公里处的巨石阵。大家都在期待，没有一点儿倦意。天边开始泛红了，今天一定是个阳光明媚的好日子！

8月24日这天的清晨寒冷无比，温度低到仅仅6摄氏度！这就是英国的夏天！我以袜子替代手套——谁会想到大夏天的，出门还要准备手套！露水很重，打湿了我们的鞋。康斯太勃尔的"巨石阵视角"是在多云的天气里创作的，而我们眼前则是晶莹剔透，万里无云。他并排画出七色彩虹，而我们看到的"七彩"是随着时间的推移，一层又一层出现的：深蓝、深紫，然后是粉红，再后来是浅蓝色的天空中飘浮着细微的白云。啊！我不应该忘却的还有这真正的黄金时段——万籁俱寂！

我热爱灿烂的阳光从石头缝隙中探出头来的感觉，并且为5000年来生长在巨石上的苔藓而心生感动。今天的阳光必定与远古时的某一天的阳光一模一样，洒满草地。

下车后，我们这26位巨石阵的观光客飞也似的奔向巨石，抢先"占领"拍摄日出的最佳位置，将这一难忘的时刻定格在相机中。我则站在这些巨石之间，孤独地、默默地注视着这些在冉冉初升的太阳光照射下渐渐显露纹理的石头——如同康斯太勃尔所画的那样。

（注：原文为英文，吴琪译）

备注：

巨石阵"日出一小时游"门票，票价为成人21英镑/人，儿童14英镑/人。需要提前几个月预订。2015年开放期间为1～9月。周二和周三早晨不对外开放。每年的6月22日前后几天也是闭馆日。预订时段为12月1日至3月31日。预订者需尽早发送邮件至以下地址：Stonecircle.access@english-heritage.org.uk

巨石阵

『关于巨石阵的用途，很久以来，人们就确定为一座史前庙宇——相当于当今一座大教堂。但是，也有人认为，它是纪念历史战役的象征性建筑，或者是观察和记载太阳、月亮和星星移动的星相台。

在电脑象征着先进技术的当今时代，我们也完全可以理解，为什么有人把巨石阵解释为是一座史前的计算机，因为石阵的排列和站立方式，具有隐秘的蕴含以及数学上的深远意义。近年来，曾经一度在夏至时，巨石阵变成了纠纷的中心，但是现在，它却成为人们欢庆节气和景仰先人的当仁不让的地方。』（摘自《英国文化遗产协会导游手册》）。

汤米自制"巨石阵"

把他乡美食，变成自家便饭

　　20来年的旅行生活，让我们不仅大饱眼福，而且大饱口福。走遍世界、吃遍天下对于胃口极好的我来说，是一种享受。美景可以变成图片带回家，那么美食呢？我想既然好吃，就得爱做，这样才能把异国他乡的美食变成家常便饭。以下介绍几款经过我挑选和改造的美食。

司康饼——下午茶点心

　　造访英伦，如果说有什么吃喝不能错过，那么首选的就一定是"下午茶"。它不但解渴，还好吃；不但益于社交，也极具品味，且有着独特的历史（参见《用韦奇伍德茶具品茶》）。一个优质下午茶的必要条件是：好茶叶、刚刚烧开的优质水、新鲜全脂牛奶和一勺砂糖（如果你喜欢），还一定要有点心相配。点心中，首屈一指的就是司康饼。

　　以下为10～15个司康饼的制作心得。

　　原料： 普通面粉4茶杯、盐1茶勺、苏打粉1.5茶勺、白砂糖4汤勺、黄油100克、牛奶2茶杯、葡萄干半茶杯、鸡蛋1个。

做法：把烤箱开到220摄氏度，预热半小时；往烤盘上涂抹一层黄油（如果烤盘不是不粘的）；把面粉筛一下，再加入盐、苏打粉和白砂糖；把事先冷冻的黄油擦碎，与面粉混合；接着倒入牛奶，用手慢慢把面"团"起来（不要硬揉）；把面团放在面板上，轻轻地把它压成厚饼；用"蛋糕切"扣成一个个小饼，摆在烤盘上；在每个饼上刷上鸡蛋液，放进预热的烤箱，烤10~12分钟；从烤箱里取出司康饼。食用时夹上黄油和草莓酱，趁热食用，味道更佳。

牛奶鸡蛋煎西红柿——西式早点

地中海周边的国家，特别是意大利，在烹饪时往往大量使用西红柿。而在英国，西红柿多用来做成沙拉生吃，熟吃的比较少，但英式早餐是个例外。如果你在酒店里享用英式早餐，一般会有：培根（Bacon）、牛奶鸡蛋（Scrambled eggs）、煎西红柿（Stewed Tomatoes），再来两片烤面包片。中国人喜欢吃西红柿炒鸡蛋，英国人也喜欢吃鸡蛋和西红柿，只不过是分开做，分开吃。

以下为2人份牛奶鸡蛋煎西红柿的制作心得。

原料：鸡蛋4个、西红柿2个、黄油10克、食用油2汤勺、牛奶1汤勺、食盐少许、黑胡椒粉少许。

做法：把鸡蛋打成蛋液，然后加入相当于蛋液量的牛奶和少许黑胡椒粉；把西红柿切成月牙块；融化黄油，将蛋液倒入锅里；小火不断搅拌，直到牛奶蛋液形成固体状；在平锅中倒入食用油，加热，煎西红柿，放一点胡椒粉，最好盖上锅盖；将炒好的牛奶鸡蛋和煎好的西红柿盛在盘中即可食用。

英式大盘鸡——主菜

新疆大盘鸡全国有名，英国也有大盘鸡，只是做法不同。这是一道主菜，可以配主食（土豆泥或土豆块）和小菜（沙拉或清炒蔬菜，如西兰花等）一起食用。要注意的是这里面没有放盐，可以根据自己的喜好添加盐和胡椒粉。

以下为4人份英式大盘鸡的制作心得。

原料： 鸡小腿8只、西芹1棵、口蘑10个、洋葱半个、青椒1个、西红柿1个、去皮番茄罐头1听

做法： 提前半小时预热烤箱，上下火开至250摄氏度；将鸡腿洗净，沥干水；在平锅里放少许食用油，将鸡腿煎至金黄，待用；把所有蔬菜都切

成橡皮擦大小；在炒锅里倒入少许食用油，先煸炒洋葱，待出香味之后，把其他蔬菜和罐头番茄倒入锅里，炒热即可；将炒热的菜放入一个椭圆形烤盘；把鸡腿码在菜上，再盖上锡纸，放进烤箱；一个小时后拿出来看看，必要时用叉子扎几下，看看生熟程度；半个小时之后，把锡纸拿掉，再烤上10分钟；从烤箱里取出烤盘，稍微冷却一会，即可食用。

意大利通心粉——主食

意大利美食里除了比萨饼，就是意面。人们总是说，意大利的比萨饼是中国馅饼的翻版，而意面则是中国面条的延续。据说这都是马可·波罗从中国带回意大利的，但都没学好——比萨饼少了"盖子"，意面硬得难以煮熟。调侃归调侃，比萨饼和意面都有着地中海风味。我们家经常做意面，我管它叫林赛家常意面。因为它不完全按意大利人的食谱操作，而是就地取材、因地制宜。一般意面里蔬菜少，我家的放很多蔬菜（口蘑、青椒、西红柿、西兰花），一般意面用的是牛肉末，我用的是猪肉末。

以下为4人份意大利通心粉的制作心得。

原料：意大利面250克、洋葱半个、口蘑8个、西红柿2个、青椒1个、西兰花1个、猪肉末1斤

调料：意粉酱1听、食盐少许、橄榄油2汤勺、老抽酱油1汤勺、黑胡椒粉少许、牛直叶少许、车达奶酪末1小盘

做法：同时使用两个炉头，一个用来炒菜和酱，另一个用来烧水煮面；先将所有蔬菜切小，待用；在炒锅里放少许橄榄油，烧热（同时开始烧水）；煸炒洋葱出香味，放入肉末炒成白色，加一点老抽酱油调色；放入口蘑和青椒炒软；同时水烧开，煮意粉7分钟，加进西兰花接着再煮1分钟；放入西红柿炒一下，倒入意粉酱；把火关小，让蔬菜煮软至塌下去，再撒上一点盐和蒜末；意粉和西兰花都熟了捞出，与意粉酱混合；搅拌匀，装在盘里，即可。吃的时候，面上放一小把奶酪末，还可以配生菜（或牛油果）沙拉、长法棍面包一起食用。

注意：如果在热天，意粉酱一瓶就够；如果天气寒冷，可以增加半瓶到一瓶意粉酱，使得味道更浓。如果吃素，不放肉即可。

羊倌派——主食

Potato、Spuds、Tatties、马铃薯、土豆、山药蛋、洋芋、薯仔、番仔薯、洋山芋等都是同一种植物，同一种食物。在中国，土豆仅仅作为副食，如土豆烧肉、炒土豆丝、地三鲜等，花样不少，但用量不多。

但在英国，土豆是主食，就和我们吃大米、白面一样。英国人不分春夏秋冬，土豆是天天必吃、月月必吃、年年必吃。土豆品种颇多，同时在土豆的烹饪方法上也积累了很多经验。这里介绍一种作为主食的吃法。

以下为4人份羊倌派的制作心得。

原料：土豆5个、羊肉末（或猪肉末）1斤、胡萝卜1个、青椒1个、香菇半斤、洋葱半个

做法：刮土豆皮，切成块，煮熟，捣成土豆泥（放橡皮擦大小的黄油，四分之一杯牛奶），待用；将所有的菜都切成小丁；放少许油，煸炒洋葱，出香味后，下肉末煸炒，炒至肉末泛白；把其他蔬菜全倒进去，翻炒，根据自己的口味放酱油、盐、胡椒粉；在炒菜时，预热烤箱，250摄氏度，开上下火；把炒熟的肉和菜放进大烤盘（瓷器，椭圆形）里，再把土豆泥盖在上面，画一些图案；将烤盘放进烤箱，离上火稍近一些；烤十几分钟，待土豆泥表面焦黄，即可取出食用。

1. 孩子几岁能开始出国旅行?

对我来说旅行就是临时的异地生活。我们全家头一次游历世界,汤米只有一岁半。我觉得,只要满足以下四点,旅行就没有最低年龄限制:

① 对旅行有正常的认识。有些人对带孩子旅行比较功利,总会说"孩子年龄太小记不住"。在我看来,这是大人的托词。旅行首先是大人的事;旅行也不会是一次性的,孩子会在不断的旅行中成长;旅行总会有痕迹(图片、录像)留下。

② 要有好体力。在家照顾孩子有时都会觉得精疲力尽,更何况出门在外,在新环境里孩子适应与否对大人的体能是个考验。

③ 安排旅行,期望值不要过高。要根据孩子的年龄安排好旅行项目,如果安排了参观博物馆,就得相应安排游乐场娱乐等。

④ 有应对不测的能力。襁褓之中的婴幼儿可能更容易照顾,满地跑的6岁以下儿童可能令人头疼。无论如何,事先准备好急救包、药品,就不至于遇事手忙脚乱。

2. 办理签证时应当关注的细节

　　2003年我们一家前往柬埔寨吴哥窟旅行前，威廉去柬埔寨驻中国大使馆询问全家旅行的签证问题。对方回答说，没问题，全家人都不用在北京办理签证，可以到目的地之后办理"落地签证"。威廉还特别问了一下，持中国护照的我是否也可以享受这个待遇，回答也是肯定的。

　　2月1日正好是新春佳节。元月29日我们乘飞机去上海，再转机直飞柬埔寨的首都金边。出乎意料的是，在上海机场出境时，一家四口中，只有持中国护照的我被拒之门外，理由是没有办理签证！我争辩道，柬埔寨使馆告诉我可以到金边后办理落地签！机场出入境检查人员对我没有同情心，头都不抬，挥挥手，让我赶快离开，不要耽误她的工作。当时已经接近春节，柬埔寨驻上海的领事馆也都放了假。何去何从？无奈，我们不得不返回北京，等待春节后大使馆开门再办理签证，然后重新启程。这次旅行不得已推迟了13天！

3. 安全第一，祸不单行

2009年暑假，我们一家人自驾，从北京出发，经张家口到内蒙古，再上东三省，之后绕到长白山，最后经山海关回到北京。这6000多公里的行程，好景多多，但也祸不单行。

杰米坠马

在内蒙古，从别力古台镇到东乌旗的路上一派绿草茵茵牛羊满地的景象。杰米提出要骑马。为了能让杰米及时回来，威廉在他的口袋里装了一个对讲机。马慢跑大约100米后停下了，突然一转身撩起蹄子飞奔起来，不一会儿就冲进了羊群里，我们只能看见四散的羊群和漫天飞扬的尘土，却找不到马的影子。忽然，马又出现了，但是马背上已经没有了杰米……

杰米后来这样描述："马跑到了羊群中，美国西部大片里牛仔从马上跳下来的场面，蓦然在脑海里出现。于是我松开缰绳，抬起右脚，然后左脚一用力，'Bang！'的一声，我在草地上滚了三米多。但很快我就爬了起来，发现自己竟然没有把骨头摔坏，只是小腿内侧有点破皮！谢天谢地！我拿出对讲机说了声'I'm okay Dad'（爸，我没事儿）。"

汤米缝针

杰米在锡林郭勒草原上骑马遇险的阴影还没有完全从我和威廉的心底消除，在长白山的山间小路上，汤米又出事了。杰米"险"在过程。他从马背上纵身一跳，看似惊险，但只是擦破了一点皮。而汤米的"险"却在结果。他只是在路边玩耍，脚在碎石上一出溜，整个身体平拍在地上，正巧一块尖利的石头扎入鼻子下方、嘴唇上方的部位，顿时皮开肉裂，鲜血直流。所有的手绢和卫生纸都用上了。虽然我们有一些户外急救知识，但苦于急救包的物品都比较"袖珍"，仍无法止血。一个小时之后，威廉抱着汤米跌跌撞撞地冲进了县医院，陪他做完了伤口缝合手术。还好，经过半个小时的折腾，除了脸上又多了七针外，汤米没有生命危险。

4. 对恐怖分子要随时提高警惕

巴黎是我向往已久的地方。2005年7月25日，我们全家大包小箱，从伦敦乘坐"欧洲之星"钻过英吉利海峡海底隧道，前往法国巴黎。

还差5分钟就要开车了。这时，威廉用胳膊肘戳戳我，低声地说，你看后排坐的那位乘客是不是比较可疑？我转头一看，可不是嘛，他不停地看着手表，还时不时向窗外张望着。如果在往常，我也不会联想什么，但这时却不一样——就在20天之前，英国伦敦刚刚获得了举办2012年奥运会的资格，举国上下沉浸在欢庆的气氛之中。谁想到就在第二天，恐怖分子接二连三地在地铁和公交车上放置自制炸弹，炸死炸伤数百人，弄得人心惶惶。

就在此时，火车站外面，警车呼啸而过，警笛声时起时伏，据说正在抓捕一个潜逃中的恐怖分子。说不定"这个人"就是"那个人"。他又在这趟车上安放了定时炸弹，待车一动他就准备跳车？这时威廉也紧张了起来，马上起身走向车门口正在查看乘客车票的列车员，将这个"可疑"的人指给他看，可列车员头都没抬，说："车马上就开了，我做不了什么。" 呜——火车缓缓开动了。威廉很沮丧地回到座位上，我发现那个"嫌疑人"并没有离开座位，"他要与我们同归于尽！"

两小时十五分钟之后，我们一家"全须全尾"地到达法国巴黎，呼——谢天谢地！两周后收听BBC新闻，得知那个逃犯果真与我们同乘一列火车到达巴黎，之后又继续潜逃到意大利。

杰米 世界是一个大课堂

我是本书作者的大儿子杰米，也是序言里提到的"明星"之一。这本书是妈妈从家长的角度写的，从她的视角来理解旅行对我和弟弟的意义。而对我们来说，所处的年龄段不同，旅行起到的作用也截然不同。

爸爸是个英国人，家族的几代人中都出现了旅行达人。很幸运，我爸爸是他那一代人的佼佼者。此外，值得庆幸的是，作为一个没有"游牧"基因的人，我妈妈却具备那么高的可塑性，她是那么愿意和快速地接受新鲜事物。

爸爸妈妈认为世界是一个大课堂，我和弟弟就是这个课堂里最大的受益者。在我看来，读书和旅行缺一不可，旅行其实就是短期的他乡生活，你可以亲身体验和感受当地人的文化，沉浸到当地的风土人情之中。

我七八岁就开始跟随父母，利用每个寒暑假游走世界，至今已经"深度"体验过30多个国家和地区。在我看来，那种八天七国的打卡式旅游是浪费时光；如果时间有限，我宁愿在一个国家待上一周，可以学到不少东西。

我的10岁生日是在美国度过的。那年冬天爸爸去美国做长城主题巡讲，要带我一起去。当时我正在上小学四年级，如果去美国，就会耽误期末考试。一般"正常"的父母会直接否定这一计划，但正是在我"不正常"爸爸的坚持下，我才有了这趟历时45天，跨过太平洋到美国、再跨过大西洋到英国的"环球之旅"。而且，我在纽约寒冷的冬天里，深深感受到了当地人的温暖。

那年，纽约正赶上百年不遇的寒潮。通往自由女神像的海面结上了一尺厚的冰，陆地上的雪也没到我的膝盖。爸爸在纽约探险家俱乐部结束了讲座之后，我俩在一家大酒店外边等候出租车，准备去火车站，但是很久不见出租车的踪影。这时，路边一个西装革履、看上去像商人模样的人走了过来，询问我们要去哪里，说可以捎带上我们。这时他的车到了——居然是一辆黑色的林肯加长版！让我们惊奇的还不完全是车，而是司机！他叫托尼，有着80年的驾驶经验，今年92岁！爸爸说他从未见过这样活力四射、在冰雪路面上驾车技术一流的司机。这绝对也是我人生中最难忘的一次乘车经历。它不只是一次从A到B的车程，更是一堂人生课。它让我明白，当你遇到困难的时候，能遇到陌生人的帮助是多么可贵，你能从中体会到这个世界的美好；再就是，看到这么一位耄耋之年的老人还在工作时，你就会深信，只要心不老，人就不会变老。

我衷心希望妈妈这本记录全家旅行的书，能让更多的亲子家庭受益。今后，我也会像爸爸妈妈教育我和弟弟那样引导我未来的孩子们。谢谢爸爸妈妈这么多年来带我们走过的路，我也期待疫情结束后带着你们前往更多美丽的地方。

杰米·林赛

2021年6月4日

汤米 走出去，看世界

今天是2021年6月3日，我正在北京大学第二教学楼三层自习区写一篇本学期课程论文。这时桌上的手机"叮——"地响了，是我母亲提醒我为她那关于全家游历世界的新书写一段评价文字。我想了想，觉得作为这本书中的旅行故事的当事人，我也有着自己的视角，我应该从在北大的学业开始写。

我现在是北京大学国际关系学院的大三本科生，哥哥杰米则是北大历史系的毕业生。在中国，能上北大的学生还是极少数，自然会有人赞扬我父母教子有方，也常常会有人向我母亲讨教，而她总是谦虚地说："我没有什么秘诀。"我明白，母亲并非有意隐瞒教育孩子的"妙招"，而是因为这种教育方式不是一两句话能讲清楚的。

有些家长对"教育"的理解局限在学校上课和在校外上课外班。有些家长则把教育看得比较宽泛，他们认为教育是孩子进入社会、成为社会一员前的准备。然而，我父母对教育的理解大概是最广义的：教育是为孩子成为地球人所做的准备。我的父母给予我最重要的指南之一就是要出去看世界。我小时候上的所有"课外班"都是在世界这个大课堂里上的。我的三观是由我和家人在旅行时遇见的每一个人，看到的每一件事物塑造而成的。

我知道，我母亲在这本书里不会提炼总结出所谓的"教育精华"，因为她并没有多少"标准"的教育方式，但是我觉得这正是我父母最英明的地方。他们很早就知道，不管你怎么去控制、去管教孩子，他/她也不会成为你预期的人。世界变化无常，社会瞬息万变，你管控不了你的孩子能看到和吸收的东西，所以，要让你的孩子学好并走好自己的路，你只需要给他/她一盏照亮道路的灯和一个寻找方向的指南针。

汤米·林赛

2021年6月3日